그날을 말하다

호성 아빠 신창식

4·16구술증언록 단원고 2학년 6반 제2권

그날을 말하다

호성 아빠 신창식

4·16기억저장소 기획 편집
(사) 4·16세월호참사가족협의회 지원 협조

책머리에

　4·16기억저장소에서는 세월호 참사 5주기를 맞아 구술증언 수집 사업의 결과물 일부를 100권의 책으로 발간하게 되었습니다. 이 사업은 2015년 6월부터 다양한 학문 분야 구술 연구자들의 자발적인 참여로 진행되어 왔으며, 세월호 참사를 좀 더 정확하고 다각적으로 기록하고 기억하고자 하는 노력의 일환으로 수행되었습니다.

　2014년 참사 발생 이후, 참사 피해자들의 목격담과 경험은 안타깝게도 공식적인 국가기관과 언론의 기록 속에서 철저히 소외되거나 왜곡되었습니다. 그것은 세월호 참사가 우리에게 안긴 죽음과 고통의 충격만큼이나 우리 사회의 끔찍한 비극이었습니다. 따라서 사업을 진행하면서 세월호 참사 희생자 가족, 생존자, 생존자 가족, 어민, 잠수사, 활동가, 기자 등등, 참사의 초기 과정을 직접 경험한 분들의 증언을 우선적으로 수집했습니다. 구술자는 이 사업의 취

지와 방식에 개인적으로 동의한 분 중에서 선정했으며, 참여 과정에 어떠한 금전적 보상이나 이익이 제공되지 않았습니다. 또한 구술증언 수집 사업을 진행하는 동안, 면담자는 연구자이자 참사를 겪은 공동체 시민으로서 최대한 윤리적이고자 노력했습니다.

구술자마다 매회 약 2시간씩 3회를 원칙으로 음성 녹취와 영상 촬영을 하는 방식으로 진행되었고, 증언의 일관성을 확보하기 위해 면담자는 큰 틀에서 공통 질문지를 사용했습니다. 공통 질문지의 내용은 참사와 구술자 간의 관계성에 따라 차이가 있지만, 유가족 구술의 경우 1회차 '참사 이전의 삶, 팽목항과 진도에서의 경험, 자녀에 대한 기억'을, 2회차 '참사 이후 투쟁과 공동체 활동 경험'을, 3회차 '참사 이후 개인 및 가족이 경험한 삶의 변화와 깨달음, 자녀의 현재적 의미'를 중심으로 했습니다. 이처럼 증언 내용은 참사 이전에서 시작해 참사 발생 당시의 경험과 이후의 변화 과정까지 폭넓게 수집했고, 면담자는 구술 채록 과정에서 구술자의 발화를 최대한 존중하고자 했으며, 무엇보다 각자의 특수한 경험과 다른 시각을 충실히 반영하고자 했습니다.

이 구술증언록의 발간을 위해, 채록된 음성 자료는 문서로 변환해 구술자와 함께 검토했고, 현재 시점에서 공개할 수 있는 영역과 할 수 없는 영역으로 구별했습니다. 따라서 책에 실린 내용은 모두 구술자로부터 공개를 허락받은 부분입니다. 비공개 영역은 추후 구술자의 동의를 받아 적절한 절차를 거쳐 추가로 공개될 수 있으리라 생각합니다.

이 구술증언록 100권에는 그동안 우리 사회에 왜곡되어 알려지
거나 잘 알려지지 않았던, 참사 발생 직후 팽목항과 진도 혹은 바
다에서의 초기 상황에 관한 중요한 증언이 포함되어 있습니다. 또
한, 자녀를 잃는 잔인하고 애통한 상황을 겪으면서도 그 누구보다
강인한 정치적 주체로 성장할 수밖에 없었던 유가족의 마음과 경
험을 구체적으로, 그리고 여러 각도에서 살펴볼 수 있습니다. 그
외에도, 이 구술증언록은 2014년을 전후한 한국 사회의 여러 측면
을 드러내는 귀중한 자료가 되리라고 생각합니다. 무엇보다 국내
외의 많은 분이 이 책을 읽어, 장차 세월호 참사의 진상 규명과 역
사 서술에 기여할 수 있기를 바랍니다.

구술증언 수집 사업이 진행되고, 책으로 출간되기까지 많은 분
의 도움과 지지가 있었습니다. 이 지면을 빌려 부족하나마 감사의
말씀을 전하고자 합니다.

먼저 (사)4·16세월호참사가족협의회와 4·16기억저장소에 감사
를 드립니다. 이분들의 신뢰와 적극적인 협조가 없었다면, 이 사업
은 처음부터 시작할 수조차 없었을 것입니다. 또한 어려운 정치 환
경 속에서도 사업의 취지에 공감해 재정 지원을 결정해 준 아름다
운가게와 역사문제연구소에 감사드립니다. 두 단체 덕분에, 이 사
업을 4년 동안 계속해 올 수 있었습니다. 그리고 구술증언록 100권
의 발간에 동의하고, 바쁜 일정에도 출판 실무를 기꺼이 맡아주신
한울엠플러스(주)에도 감사를 드립니다. 이 외에도 많은 개인과 단
체가 직간접적으로 많은 도움을 주시고 격려해 주셨습니다. 여기

에 모두 밝히지 못하는 것을 죄송하게 생각합니다.

　말할 필요도 없이, 가장 크고 또 가슴 아픈 감사는 구술자 한 분 한 분께 드리고자 합니다. 이 책이 발간될 수 있었던 것은, 무엇보다 용기를 내어 아픔과 고통의 기억을 다시 떠올리고 장시간 진심으로 이야기를 해주신 구술자가 있었기 때문입니다. 오랜 시간 이야기를 나누며 함께 공감하기도 했지만, 그 아픔과 고통을 어떻게 가늠할 수 있을까 싶습니다. 더 큰 도움이 되지 못함을 안타까워하며, 이 구술증언록 100권의 발간이 피해자분들에게 조금이라도 위로가 될 수 있기를 기원합니다.

2019년 4월

4·16기억저장소 구술팀 책임자
서울대학교 인류학과 교수 이현정

차례

호성 아빠 신창식

구술자 신창식은 단원고 2학년 6반 고 신호성의 아빠다. 둘째인 호성이가 수학여행을 가기 전에 "사랑해, 아빠" 하고 껴안아 줬던 것을 아빠는 지금도 생생히 떠올린다. 회사일에 바빠 호성이에게 충분히 사랑을 주지 못했던 아빠는 미안한 마음에 오늘도 가족협의회 감사로서 진상 규명 활동에 온 힘을 다해 참여하고 있다.

신창식의 구술 면담은 2015년 12월 1일, 11일, 2016년 1월 11일, 그리고 2019년 3월 25일 4회에 걸쳐 총 5시간 20분 동안 진행되었다. 면담자는 김향수·강재성, 촬영자는 정수아·강재성이었다.

구술자 본인의 프라이버시나 제3자의 프라이버시를 보호해야 할 부분을 제외하고는 구술자의 발화를 있는 그대로 전사했다.

1회차

2015년 12월 1일

시작 인사말

면담자　　　본 구술증언은 4·16 사건에 대한 참여자들의 경험과 기억을 기록으로 남김으로써 이후 진상 규명 및 역사 기술에 기여하고자 합니다. 지금부터 신창식 씨의 증언을 시작하겠습니다. 오늘은 2015년 12월 1일이며, 장소는 안산시 단원구 정부합동분향소 불교 방입니다. 면담자는 김향수이며, 촬영자는 정수아입니다.

구술 참여 동기와 구술 기록의 활용

면담자　　　아버님, 안녕하세요.

호성 아빠　　네, 반갑습니다.

면담자　　　오늘 구술증언 제안받고 하시겠다고 생각하셨던 이유가 있으세요?

호성 아빠　　기록이라는 것이 중요하고 기억이라는 게, 내일모레면 [4·16 참사] 600일인데, 짧으면 짧지만 긴 시간이거든요, 600일이라는 시간 동안이. 그러기 때문에 저희들이 기억이 잊어먹기 전에 이걸 남겨놓는 게 중요하기 때문에 비록 제가 크게 기여가 될지는 모르겠지만 가족 일원으로서 중요성을 알기 때문에 참석하게 됐습니다.

면담자　　　이후에 이 인터뷰해 주신 것들이 어떻게 활용됐으면 좋겠다는 제안이나 생각이 있으시면 말씀해 주세요.

호성 아빠　　　크게 봤을 때는 앞으로 이런 참사가 일어나지 않는 데, 안전한 국가를 건설하는 데 저희들이 조금이나마 일조를 했으면 하는 마음이죠. 그리고 아이들에 대한[아이들의] 억울한 죽음, 그 죽음에 대한 조금이나마, 죄 많은 부모된 도리로서 아이들[의] 죽음[이] 헛되지 않게 하기 위해서 저희들 증언이나 이런 게 조금이나마 보탬이 됐으면 하는 마음[입니다].

3
건강 상태

면담자　　　오늘 아침에 병원 갔다 오셨다고 하셨는데요, 좀 어떠세요?

호성 아빠　　　네. 집사람이 올 초에 금돌, 『금요일엔 돌아오렴』 그걸 하면서 좀 다쳤어요, 넘어져 가지고. 앞으로 바로 넘어져서 무릎뼈가 주저앉아 가지고 한두 달 가까이 깁스를 하고 다녔는데 그다음부터 다리에 힘이 없어 가지고 물리치료 받고 있어요.

면담자　　　그러면 자생한방병원에서 받으시는 거예요?

호성 아빠　　　응, 그렇지는 않고요.

면담자　　　왜 [세월호 유가족을 위한] 지정 병원도 있잖아요, 제가 얘기 들었을 때는.

호성 아빠　글쎄, 그거는 모르겠고, 동네 의원에서 치료받고 가끔 온마음센터 가가지고 마사지 받고 이러고 [있어요].

면담자　마사지를 받으면 괜찮아요?

호성 아빠　그렇겠죠. 물리치료 받으면 아무래도 좀 낫겠죠. 일시적으론 낫겠죠(웃음). 또 찬 바람 부니까 그렇다고 하는 것 같더라고요.

면담자　아버님은 아프신 데는 없으세요?

호성 아빠　저는 그렇게 아픈 데는 없고, 우리 부모님들이 걱정이 되는데… 눈이, 시력이 엄청 떨어졌어요. 눈이 침침해 가지고 잘 안 보이고 치아도 많이 안 좋은 상태고 주저앉아 있고 그렇죠. 거의 다 그래요, 우리 부모님들이.

면담자　아버님도 눈이나 치아가 안 좋으세요?

호성 아빠　네.

4
특조위 조사 활동

면담자　4·16TV 보니까 동거차도에 얼마 전에 갔다 오셨잖아요.

호성 아빠　네, 특조위 조사 들어갔을 때 같이 들어갔었습니다.

면담자　그때 얘기 좀 해주세요. 어머님이랑도 여기 방 사용하는 거 때문에 통화했었는데 같이 내려오셨다고 해가지고요.

호성 아빠　　　지금 저희들이 동거차도에서 일주일 간격으로 아버님들이 상주하고 있잖아요. 세 번 내려갔다 왔고요. 저 저번 주, 특조위 그 조사 들어갔을 때 특조위 위원들하고 같이 들어가서 조사하고 나왔습니다.

면담자　　　어디를 조사하고 오신 거예요?

호성 아빠　　　선체 조사.

면담자　　　선체 조사요?

호성 아빠　　　네, 들어갔을 때….

면담자　　　그 얘기를 조금 해주실 수 있어요? 선체 안을 어떻게 들어가고….

호성 아빠　　　그때…, 그때는 일차적으로 팽목에서, 진도에서 만나가지고 잠수사 여섯 분하고 미팅 갖고, 첫날은 저녁에 미팅 갖고, 그날 미팅하면서 녹화되어 있던 거, 선체 녹화되어 있던 거 보고, 조타실 그 안에 영상 보고, 첫날에 어떤 식으로 작업할 건지 잠수사하고 얘기하고, 그날[은] 진도에서 보내고…. 첫날 밤 자고 그다음 날, 팽목에서 5시, 오전 5시인가? 그때 출발했어요, 낚시 배 타고. 당시에 해수부에서 발표하기로는 특조위 조사에 대해서는 "100프로 지원을 해줘라" 그렇게 발표는 돼 있는데, 실제로 특조위에서 지원받은 거는 아무것도 없어요. 아무것도 없고, 특조위 자체 내에서 낚시 배를 대여를 해가지고 낚시 배를 타고 들어갔죠.

이 낚시 배라는 게 좀 높잖아요. 높아 가지고 잠수사들이 물속에 들어갔다 올라왔다가 엄청 힘들어요, 롤링이 있어 가지고 배가 흔들 흔들하면서. 보통 보면은 잠수하는 배들이 낮아 가지고 물속에 바로 이 사람들이 앉을 수 있게끔 구조가 되어 있거든요, 다이빙할 수 있는 배라서. 근데 그런 배가 없기 때문에, 저희들은 일반 낚시 배를 했기 때문에 [어려웠죠].

위험하죠, 작업하기에. 잠수사가 올라와서 산소통을 벗어갖고, 로프로 걸어가지고 끌어 올려야 돼, 높으니까. 잠수사도 밑에서 사다리로, 다시 사다리 타고 올라가야 된다고. 되게 위험한 작업을 했죠. 그런 악조건 속에서 1차 작업을, 잠수를 했고[요]. 그때 한 10분 정도 잠수해 가지고 1차적으로 잠깐 영상을 녹화해 가지고 나와서 서거차도 가서 점심식사 하면서, 아침 겸 점심 먹으면서 그 영상을 잠깐 봤어요. 잠깐 봤는데, 조타실로 못 들어가고 한 분만 들어가셨는데, 외부만 살짝 찍고 나왔는데, 그 잠수하신 분이 작년, 그니까 올해죠, 1주기 때 JTBC에서 1주기 그걸 해가지고 선체 촬영을 한 적이 있어요. 그때 잠수하셨던 분이 요번에도 저희들하고 특조위하고 같이 들어가신 잠수사거든요.

그분이 나오셔서 하시는 말씀이 "그때 들어갔을 때하고 지금하고 상황이 너무 안 좋다", 그때는 쉽게 얘기해 가지고 조개, 어패류 있잖아요, 그런 게 안 붙어 있었는데 선체에, 지금은 너무 붙어 있다는 거예요, 따개비 같은 게. "단 몇 개월 사이에, 한 5개월 사이에 이렇게까지 5, 6개월 사이에 이렇게 크게 변했나?" [하면서] 많이 놀래시더라고. 식사하고 다시 사고 현장[에] 2차[로] 들어가 가지고 잠수를 했는데, 특조위에서 해수부한테 얘기해 가지고 그쪽에서 해준 게 뭐냐면 부표를 네 개를 띄워놨어요. 선수, 맨 앞에, 선미, 그다음에 조타실 쪽, 그다음에 구멍 난 부위 네 개를 부표로 표시를 해놨는데[요].

저희들이 2인 1조로, 잠수사가 두 개 조가 들어가서 조타실 쪽하고 끝 쪽을 조사를 할라고 그랬는데 두 번째 입수할 때는 상황이 안 좋았어요. 파도도 높고 물 색깔도 안 좋아서 시야가 확보가 안 돼가지고, 1차 때는 들어가신 분이 말씀하시기에 시야가 한 40센티 정도 나왔다고 하더라고요. 2차 입수할 때는 시야가 전혀 안 좋아 가지고 영상을 [녹화]하는 걸 실패했어요, 2차 때는. 상황이 너무 안 좋아 가지고 그날 철수하고 그다음 날 또 작업에 들어가고 그랬죠.

면담자 그러면 선체 인양 작업을 주변에서 하고 있는 과정에서 촬영을 하신 거예요?

호성 아빠 선체 인양이 아니죠, 지금은. 정확히 말씀을 드리면 해수부, 상하이샐비지에서 작업하는 거는 유실 방지망을 설치하는 거예요. 지금은 인양이 아니에요. 정확히 아셔야 되는데, 본격적인 인양은 내년 3월 달에 작업을 하는 거고, 해수부에서 발표한 거는 1차, 2차가 있어요. 1차, 9월 달부터 11월 말까지, 10월 중순까지 하기로 한 1차 발표는 유실 방지. 우리가 제시했던 유실 방지망이 너무 허술하다 그래 가지고 유실 방지를 하는 것, 보완 작업을 하는 게 1차적인 목표구요. 2차는 3월 달에 본격적인 인양 작업을 하는 거고, 지금은 인양 작업이 아니고 유실 방지, 그 작업을 하는 거죠.

호성 아빠 신창식

영상을 봤는데 해수부에서 작년에 유실 방지라고 한 작업 내용이 뭐냐면, 자석 있죠? 쇠붙이에 붙은 자석, 이 자석 같은 걸 문이 있으면, 창이 있으면 자석으로 요렇게 십자로만 해놓은 거예요. 거기다가 그물망 같은 걸 쳤는데, 이 자석이라는 게 부식이 되어버리면 떨어져 버린다고. 엉망인 거예요. 그래 가지고 그거에 대한 보완을 해달라고 해서 요번에 망으로 막아가지고, 못도 박아가지고 하는 작업을 했죠. 이번에 들어가서 찍은 거 보니까 그 작업은 잘 된 거 같더라고요. 잘 된 거 같은데, 그 작업도 [배가] 누워 있기 때문에 이쪽은 됐지, 이[반대]쪽은 전혀 작업을 못 하고 있잖아요. 이것도 문제인 거지. 만약에 배를 들어 올렸을 경우에 요쪽은[유실 방지망 작업을 안 한 쪽은] 다 빠져나가. 이쪽은 바닥에 묶였으니까 작업을, 우리가 하라고 할 수도 없는 거니까. 이건 현실이고 상황이 그럴 수밖에 없으니까 어쩔 수 없죠.

5
동거차도 감시단

면담자   아버님, 동거차도에 세 번 내려갔으면 자주 내려가신 거 같은데, 제가 알기로는 4·16TV에서 봤던 게 추석 근처? 그때부터 가신 거예요?

호성 아빠   매달 한 번씩 내려가고 있습니다. 9월 달, 10월 달, 11월 달 이렇게 한 달[에 한 번]씩 내려가고 있습니다.

면담자　　　　내려가실 때마다 좀 다를 거 같은데요.

호성 아빠　　　제가 올…, 12월 달부로 직장을 그만뒀어요. 직장을 23년 다녔었는데, 애 수습하고 한 8월 달에 회사를 복귀를 했는데, 도저히 일 못 하겠더라고. 도저히 일 못 하겠어서 12월 달[에] 그만두고, 그만두자마자 올 1월 달부터 지성이 아버님이 혼자 계셔가지고 4·16TV에 들어갔었어요. 4·16TV에 들어가서 지성이 아버님하고 좀 하다가 다시 나왔는데, 4·16TV 일하면서 사고 현장을 여러 번 들어갔어요. 촬영 때문에 많이 들어가고, 사고 현장에서, 이게 동거차도고 이쪽이 병풍도고, 섬에 대해서 좀 알고 있었는데, 사고 현장에서 섬을 봤을 때는 되게 멀리 느껴졌거든요.

　　근데 9월 1일부터 저희 아버님들이 동거차도 감시단을 꾸려가지고 내려간다 그래서 제가 3조로 내려갔었는데, [동거차도 산 정상에] 올라가서 보니까 너무 가까운 거예요, 사고 현장이. [상하이]샐비지 [대력호]에 정박된 바지가 거리가 너무 가까운 거야. 바다에서 봤을 때 섬을 바라본 거리하고, 여기가 고도가 있어서 그런지 모르겠지만, 너무 가까운 거예요. 거기서 얘기하는 게 1.6킬로[미터]라고 그러는데 1.6킬로도 안 되는 거 같은 거야. 너무 가깝고 그러니까 힘들었어요, 한 2, 3일 정도는. 너무 화가 나더라고.

　　애들[이] 만약에 뛰어만 내렸으면, '뛰어내리라고 지시만 했으면 애들 진짜 다 살았겠다. 진짜 다 살았다'[는 생각이 들었어요]. 너무 가까운 거예요. 너무 가깝고, 바로 앞에 동거차도에서 양식을 했기 때문에, 멸치하고 미역을 많이 하거든요. 바로 앞에 양식장들이 쫙 있다고. 구명조끼만 입고 뛰어내렸으면 거기가 물살이 세고 섬들도 많기 때문에 다 살았다고. 동거차도, 서거차도에서 거기 나가는데 20분이면 나가요. 아무리 20년 된 구명조끼라고 그러지마는 2, 30분은, 몇 시간은 떠 있다고. 그렇잖아요. 그러면 가서 다 건져냈을 거라고, 어민들이. [진도] 대마도 쪽에서도 오고 이쪽저쪽에서도 오서 가지고 애들 많이 구조했지마는, 뛰어내렸으면 다 살았어. 그게 보이니까, 너무 화가 나는 거야. 그래 가지고 많이 힘들었어요.

근데 두 번째, 세 번째 내려갈 때는 화도 나지만은 1차 때보단 좀 덜하더라고(웃음). 실제론 1.6킬로[미터]지만, 우리가 여기 있고 섬이 끝이 있잖아요? 섬이 끝에서 여기까지는 실제로 한 1킬로? 1.2킬로밖에 안 되는 거야, 여기서 여까지 거리가 있으니까. 사고 현장에서 여[기]까진 1킬로 조금 넘는 거야. 근데 우리가 봤을 때는, 4월 16일 참사 그날, 방송이고 뭐고 바다만 보여주고 주변에 섬은 안 보여줬잖아. 그때 본 사람들이 망망대해인 줄 알 거야. 망망대해에서, 태평양 한 군데서 배가 가라앉은 [줄] 알 거야, 카메라 렌즈를 그렇게 잡았고, 방송국에서. 가서 보면 아니에요. 제 핸드폰에도 그 사진들이 있고 영상들이 있는데 너무 화가 나더라고.

면담자　　저도 망망대해로 기억하고 있어요.

호성 아빠　　근데 아니에요. 바다에서 보는 거랑 섬에서 봤을 때 광경은 판이하게 틀리죠[다르죠].

면담자　　여름에 갔을 때랑 달리 지금은 많이 춥잖아요.

호성 아빠　　그쵸, 추석 전이니까.

면담자   4·16TV 보면 야생 프로그램처럼 보이기도 하고(웃음), 한참 더울 때는 힘드셨을 것 같은데….

호성 아빠   그죠. 9월 달에는 안산도 많이 더웠지만, 9월, 10월 달까지 더웠지만, 거기는 남쪽이고 그래 가지고 되게 더워요, 두 번째 내려갈 때까지만 해도 반팔 입었으니까. 지금도 이런 날씨면 바람 안 불고 날씨 좋은 날에는 낮에도 반팔 입어야 돼, 더워요. 낮에도 덥고 해 떨어지면 날씨가[온도가] 급격하게 떨어지고 추워 가지고, 온도 차이가 되게 심해요. 9월 달, 10월 달 들어가서는 많이 더웠고, 첫째는 모기 때문에 많이 고생을 했죠. 산모기가 독해 가지고 웬만한 옷을 입어도 막 뚫어버리니까 모기 때문에 엄청 고생했어요. 이건 여담인데 1차 갔다 와서 집에서 옷을 갈아입으면 집사람이 놀래는 거야. 거기는 화장실이 없잖아요. 그니까 곡괭이 들고 간다고요(웃음). 곡괭이 들고 땅 파러 가는데, 땅 파고 앉아 있으면 한 손에는, 죄송합니다, 이런 얘기해서.

면담자   아니에요(웃음).

호성 아빠   한 손에는 에프킬라, 홈키파 한 통 들고 와서 계속 뿌리는 거야, 풀밭이니까. 집에 와서 보니까 여기에 다 물렸지. 집사람이 놀래더라고, 엉덩이고 뭐고 다. 농담으로 몸무게 2킬로[그램]는 쪘을 거야, 모기한테 물려가지고(웃음).

면담자   부어가지고(웃음). 근데 어머님들도 이제 내려가신다고 하더라고요.

호성 아빠   네, 어머니들이 저번 주에 갔다 왔고. 저번에 들어가서 일주일, 일주일이 아니죠. 풍랑주의보가 떠가지고 배가 못 들어가서 하룻밤 더 주무시고, 토요일 날 나오셨죠. 8박 9일 했죠, 어머니들은. 두 번째 갔을 때, 저도 하룻밤 더 자고 나왔어요, 아니, 세 번째 갔을 때. 세 번째는 집사람하고 같이 갔었거든요. 집사람하고 저하고 단 둘이 들어갔었는데, 호성 엄마하고, 그때도 날씨가 안 좋아서 배가 못 떠가지고 토요일 날 나왔어요, 하루 더 자고.

면담자   같이 들어가시면 또 다르실 거 같은데요.

호성 아빠   좀 뭐랄까⋯. 사실 들어가면서 이 사람한테 '같이 들어가자고 얘기를 해야 되나? 말아야 되나?', '아빠들도 들어가서 이렇게 힘든데 이 사람이 과연 들어가서 잘 견딜 수 있을까?' [하는] 생각을 많이 했어요. 그래도 어차피 한번 겪어야 될 것 같아서, 안 갔다 오는 거 보다는 [갔다 오는 게 좋다고 생각했어요]. 애하고 조금이라도 가까운 데서 생활하려면 지금은 힘들지 모르지만은 나중에 그래도 조금이나마 애한테 덜 미안한 마음이 들 것 같아서 힘들지만 엄마한테 얘기했죠. 그랬더니 집사람도 흔쾌히 "갔다 옵시다" [하더라구요]. 가서 8박 9일 동안 얘기 많이 했어요, 진짜 얘기 많이 했어요. 그동안은 집사람도 여기 일 보느라고 서로 얘기할 시간이 별로 없었는데 거기는 딸랑 둘이니까, 24시간 붙어 있으니까, 갈 데도 없고. 그래 가지고 참 얘기 많이 했죠.

면담자   두 분이 계셨던 거예요?

호성 아빠   네, 단둘이만 갔어요. 그래서 사람들이 오붓한 시간

갖고 온다고(웃음).

면담자　　　　　갔다 오면 힘들 거라고 얘기하셨는데 왜 그렇게 생각하셨는지요?

호성 아빠　　　[카메라를] 저희들이 갖고와 가지고 목소리가, 오디오가 같이 되잖아요. 집사람이 카메라를 의식을 못 하고 막 욕을 하는 거야, 육두문자 하면서. 이거 다 얘기하면 독하다고 할 텐데(웃음). 화나죠, 더 화나지 엄마들은. 남자들도, 아빠들도 진짜 돌 것 같은데, 똑같을 거예요. 너무 가까우니까, 가면은 '뛰어만 내렸으면 애들 다 살았을 텐데' 그 생각이 막 첫 번째로 드니까, 그게 가장 힘든 거지. 우리 애들이 태평양이나 어디 저 깊은 바다 가가지고 빠졌다면, 여기서 구조[하러] 가는데 열몇 시간씩 걸리고 그런다면 힘들지만, '상황이 그러니까 어쩔 수 없구나' [하고] 그나마 그렇게[생각] 할 텐데, 이거는 아니거든요.

　　엄마들이 보고 힘들어해 가지고 사고 해역도 안 나가신 분들이 많아요. 1주기 때 저희들은 가서 했지만, 그때 100프로 가족들이, 부모님들이 다 나가지는 않은 거거든. 많은 분이 못 나가고, 힘들어해 가지고 팽목항에 계시고 나가실 분들만 나가셨다고. 실제로 사고 현장은 직접 가보신 분들은 많지는 않아요. 거기 갔다 왔지만 위에서 보는 게 또 다른 면이기 때문에 너무 힘들어할 것 같아 가지고 많이 걱정을 했고, 집사람도 제가 염려했던 고대로 똑같은 반응을 보이고 똑같이 힘들어하더라고.

　　그런데도 갔다 와서 하는 소리가 "잘 갔다 왔다" 얘기를 하더라고요. "안가는 거 보다는 갔다 오길 잘했다", "힘들지만 갔다 오길 잘했다" 얘기를 하더라고. 어차피 이 사람이 우리 진실을 알리기 위한, 진상 규명을 알리기 위한 활동을 계속해야 되잖아요. 그 활동을 하는 데도 이번에 갔다 온 일주일이 큰 도움이 되리라고 봐요. 안 가보고 하는 거랑 직접 자기가 보고 거기서 생활해 보고 나서 느끼는 게 틀리기[다르기] 때문에, 멀리 봐서는 잘 갔다 왔다고 생각을 해요.

면담자   한 달에 한 번씩 내려가는 게 쉽지 않을 것 같은데요.

호성 아빠   7박 8일 계획으로 3인 1조로 운영을 하고 있거든요. 저만 갔다 온 게 아니고 두 번 갔다 오신 분들도 많이 계시고[요]. 근데 말이 일주일이지 쉬운 게 아니거든요. 인원은 많지만 실제로 할 수 있는 인원은 국한되어 있기 때문에 시간 많은 사람이 내려가야죠 (웃음). 그렇잖아요.

면담자   시간만은 아닌 것 같아요, 마음도 있어야지 가는데.

호성 아빠   마음은 다 있죠. 마음은 다 있지만 그게 마음만 갖고 되는 게 아니잖아요. 그렇기 때문에 그건 저는 크게 [대단한 일이라고는 생각하지 않아요].

6
직장생활과 안산 정착

면담자   아버님, 회사를 23년 정도 다니셨다고 하셨는데요. 어떤 일을 하셨는지 물어봐도 될까요?

호성 아빠   제가 다녔던 회사는 악조노벨이라고 네덜란드, 외국인 회사예요. 〈비공개〉

면담자   23년 전이면 거의 처음 들어가신 회산 거 아니에요?

호성 아빠   첫 직장은 아니고 다른 데 다니다가 그만두고 두 번째 직장이죠. 첫 직장이나 마찬가지죠.

면담자   되게 오래 일하셨네요.

호성 아빠   제가 다니던 회사가 다 근속연수가 오래 돼요. 그렇게 좋은 회사도 아닌데 이상하게 들어오면 안 나가더라고 사람들이(웃음).

면담자   한 직장에서 오래 다니는 건 일하는 사람도 그렇고 직장도 서로 여러 가지가 맞아야 하잖아요.

호성 아빠   그렇죠, 서로 맞았으니까 그렇게 되는 거겠죠. 그렇게 보면 나쁜 회사는 아니었고, 월급 꼬박꼬박 나왔으니까. 그러면 좋은 회사죠.

면담자   아버님, 안산에는 언제 처음 오셨어요?

호성 아빠   원래 집은 평촌이었어요. 노루표페인트가 박달동에 있거든요, 안양. 그래서 평촌에서 살다가 95년도, 94년돈가? 95년도네, 제가 92년도에 입사했으니까, 94년도 말에 회사가 시화 쪽으로 이전을 하게 됐어요. 완전 이사한 거는 1년 있다 이사했고, 여기에 부지 설정 정해지고 공장 지을 때부터 먼저 내려와 있었죠. 다른 사람들보단 제가 1년 가까이 일찍 내려와 있었죠.

면담자　그러면 결혼은 언제쯤 하셨어요?

호성 아빠　큰 녀석이 지금 대학교 4학년이니까 몇 년 된 거야? (웃으며) 큰 녀석이 군대 갔다 왔고 지금 졸업반이에요. 꽤 됐죠.

면담자　그렇군요. 형이 있네요.

호성 아빠　네, 바로 위에 남자 하나. 사내 녀석만 둘이에요.

면담자　원래 고향은 어디세요?

호성 아빠　서울입니다.

면담자　학교 졸업하시고.

호성 아빠　네. 학교 졸업하고 집에서 장사 좀 하다가 말아먹고 (웃음), 직장생활 할려다가 이렇게 됐죠.

7
호성이 생전 일화들

면담자　기억하기 어렵겠지만 호성이 키울 때, 인상 깊었던 일이나 이런 것들이 있으면 말씀해 주세요.

호성 아빠　금돌[『금요일엔 돌아오렴』]에도 나와 있는데, 우리 애들이 IMF 애들이잖아요, 세대잖아요. 한참 힘들 때, 97년, 98년 그때 IMF 애들이기 때문에, 호성이가 [학교를] 1년 빨리 들어가서 98년생

이거든요. 우리만 그런 게 아니라 우리나라 전체가 다 힘들었을 때니까, 한참 정리해고 할 때니까. 지금도 기억에 남는데 8월 15일 광복절 날 집사람하고 대판 싸웠는데, 애 때문에. 저희가 외국인 회사다 보니까 정보가 좀 빨라요. 한참 IMF 그때, 그 전서부터 저희들은 약간의 정리해고가 있었어요, 저희 회사는. 그래서 상황이 되게 안 좋았어요, 집사람도 알고 있었고. 느닷없이 집사람이 "둘째 가졌다" 얘기를 하는 거예요. "야, 그게 무슨 소리냐? 나는 전혀 모르는데" (웃으며) 이랬더니, "아이 하나 가지고 안 될 것 같다"고 "큰 녀석 외로울 것 같다" 해서 "둘째 낳고 [싶다"고 하더라고요]. "야, 알다시피 상황이 이렇다. 상황이 안 좋고 [큰아이와] 7살 터울이니까 지금은 좀…"이라고 얘기를 했죠. 근데 집사람이 "낳아야 된다. 낳아야 된다"[고 해서] 그것 때문에 한참 실랑이를 했어요. 실랑이를 많이 했는데, 결국 제가 졌죠.

지고 낳았는데, 이 일이 있고 나서부터 되게 맘에 걸리는 거예요, 애한테. 너무 미안한 거야. 진짜 이건 축복인데, 그 생명이 하느님 축복인데, 감사한 마음으로 기쁜 마음으로 받아들여야 되는데, '내가 그래서 이런 일이 생기지 않았나?' 그런 마음도 잠시 들었었고…, 많이 힘들었어요 그때는. 애한테 회사 핑계 대면서 잘해주지도 못했고, 애 수학여행 가는 날, 14일 날도 뭐 한 게 없고, 15일 날도 전화 통화도 못 했고 해서 너무 미안한 거야. 다른 사람들 보면 통화하고 애하고 카톡도 하고 그랬다는데 저는 그런 게 없어놓으니까 미안하고, 좀 그래요(웃음). 애하고 보낸 추억이 너무 없는 거야.

언제 한번 가족끼리 찍은 사진 있으면 달라 그러는데, 앨범을 뒤

호성 아빠 신창식

져보는데 가족사진이 없는 거야. 한 장도 없는 거야. 우리 애 요만할 때만 사진이 있지 우리 네 식구 찍은 사진이 없는 거야. 있어도 지 엄마하고 애들만 찍었지 전 항상 빠져 있고…. 그래서 이 일 있고 나서 회사 복귀했을 때 첫 번째 한마디가[말이] "애들하고 가족사진 찍어라. 꼭 찍어라"라고 [했어요]. 제가 사진을 좋아해서 사진을 많이 찍었는데, 애하고 찍은 사진이 한 장도 없는 거야.

면담자   아버지가 주로 촬영하시고 이래 가지고.

호성 아빠   그니까. 중학교 3학년 때 호성이하고 엄마하고 저하고 셋이 울릉도하고 독도 여행을 갔다 왔거든요. 그게 마지막 여행이었지, 가족 여행, 셋이 보낸 시간이. 그때도 보니까 애하고 둘만, 애 엄마 하고 둘만 사진이 있는 거야, 나는 없고. 하다못해 호성이하고 나하고 찍은 사진도 없는 거야, 호성이 독사진만 있는 거지. 참…(한숨).

면담자   아버지가 기계에 능하셔서서 더 그런 거 같아요.

호성 아빠   이상하게 사진 좋아하는 사람들은 자기 사진이 없더라고. 죽어도 자기 사진은 안 찍더라고.

면담자   저도 제가 주로 찍어서 저는 사진이 없고 애들이랑 애기 아빠만 있어요(웃음).

호성 아빠   아니, 진짜로 사진 많이 찍어두세요. 남는 건 사진밖에 없다고 그러잖아. 그게 진짜 틀린 말 아니야.

면담자   이전에 하루 일과를 어떻게 지내셨는지요?

호성 아빠   지금, 아니면 예전?

면담자   옛날에요.

호성 아빠   예전에요? 저희는 출근 시간이 다른 데보다 좀 빨랐어요. 그래서 저희들은 4시 반에 퇴근했어요. 1시간 일찍 출근해서 1시간 일찍 끝나요. 오후에 대기시간이 많지, 아침에 출근 시간이 빠르니까. 저는 통근 버스를 이용했거든요. 바로 집 앞에서 통근 버스가 6시 40분에 있어요. [회사에] 들어가면 7시 반부터 일과를 시작하거든요. 6시 40분 통근 버스를 타고 다녔기 때문에 6시에 보통 일어나야 돼요, 좀 빠르면 5시 40분. 제가 일어나서 옷 입고 나가면 그때 애가 일어나는 시간이야. 맞지가 않지. 저는 4시 반에 끝나갖고 뭐 하다 보면 회사에서 일하고 술 한잔 먹게 되고 들어오면 얘는 야자하고 학원 갔다 오고 뭐 하고 들어오는 시간이 12시 다 돼서 들어오니까 맞지가 않는 거지. 주말이면 지 나름대로 공부한다고 도서관 간다고 그러니까 일주일에 한두 번 같이 밥 먹을까? 진짜 애하고 이렇게 하지를 못했어, 특히 고등학교 들어가서 더 했고.

8
수학여행 가기 전 일화와 참사 당일

면담자   호성이가 쓴 시에 보니까 아버지가 되게 든든하다고, "든든한 아버지" 그 표현이 많았어요.

호성 아빠   녀석이 딸 역할을 했어요. 애가 잔정이 많았어. 큰 녀석하고 달리 잔정이 많아서 지 엄마하고 둘이서 속닥속닥 수다 떨고, 내가 가면 얘기하다가 뚝 끊고, 꼭 내 얘기하는 것 같고 내 흉보는 것 같고(웃음), 되게 엄마를 챙겨줬어. 지 엄마도 직장을 다녔기 때문에 직장 갔다가 와가지고, [애도] 야자하고 와서, 엄마[가 관리비] 수금[하러] 가면 힘들어도 같이 돌아주고…. 애 엄마가 연립주택 통장, 반장이었거든요. 관리비 받으려면 저녁 늦게 돌아다녀야 되잖아요. 밤에 관리비 받으러 다니면, 지 엄마, 여자 혼자 나가면 안 된다고 자기가 엄마[하고] 같이 다녀주고, 다정다감한 [애였지요]. 그래서 너무 좀 그래요.

14일 날 얘기 좀 할까요? 14일 마지막으로 잠깐 이 녀석이, 14일 날… 그때 오후 늦겐데, 집에서 테레비[TV] 보고 있는데 이 녀석이 그러는 거야, 느닷없이. "아빠, 아들내미 집 며칠 비우는데 괜찮아요?" 그러더라고. "인마, 너 놀러 가는 데 아빠도 같이 가고 싶구만" 그랬더니, "아빠, 아들내미가 집을 비우는데 너무 무던하다"고, "아무 표현이 없다"고, "섭섭하다"고 그러더라고. "말 같지도 않은 소리 하고 있어. 놀러 가면서 무슨" 그런 소리를 하다가 이 녀석이 느닷없이, 사내새끼들은 그러잖아요. 사내애들은 몸에 살 닿는 걸 되게 싫어해. 부모가 이렇게 해도 "뭐예요?" 이러는데, 느닷없이 이 녀석이 확 껴안는 거야. 그러면서 "아빠 사랑해요" 이러더라고. 나도 그냥 의미 없이 "그래. 나도 사랑해" 그랬지. 그게 마지막이야 마지막, 애하고. 그런 표현도 없던 놈이 느닷없이 확 껴안으면서 "아빠 사랑해요" 그러더라고. 몰라요, 지가 뭘 알았는지. 그게 마지막이에요. 웃기지 않아요? 그렇게 몸에 살 닿는 거 싫어하는 놈이 그렇게 했다는 게 지금 생각해도 참 이상해.

면담자   아버님, 『금요일엔 돌아오렴』 보니까 1년 전에 배를 탔었다고 나오던데요.

호성 아빠   오하마나호는 세 번 타봤어요. 한라산 가면서 세 번 타봤어, 집사람도 타봤고. 그랬기 때문에 사고 소식 듣고 전 이만큼도 걱정 안 했어요. 진짜 걱정 안 했어요. 집사람이 그때 전화를 하면서 얘가 통화가 안 된다고 그래 가지고, "거기 원래 전화 통화 잘 안 터져" [그랬어요]. 거기가 안 되더라고, 통화가. 통화 지역은 이탈되면 배터리가 빨리 닳잖아요. 그래서 처음에는 몰랐는데 나중에는 가다가 핸드폰을 꺼놨다고, 배터리가 빨리 닳아가지고. "거기 통화 안 돼. 통화 이탈 지역이라 통화 안 될 수 있어. 그리고 너 배 타봤잖아. 큰 배 그렇게 쉽게 안 넘어가. 걱정하지 마"라고 [했어요]. "애들 다 구명조끼 입고 있기 때문에 걱정하지 마"라고, 집에 올 때까지, 집에 와서 학교 갈 때까지도 걱정 안 했어요, 애 엄마 안심시키고. 가서 보도 나왔고, 전원 구조라고, "봐라. 걱정하지 마라" [그리고] 집에 와서 챙겨갖고 [진도로] 내려갔지. 전혀, 우리 애들이 이렇게 되리라곤 생각을 안 했어. 1프로도 생각 안 했어.

면담자   아버님, 세 번이나 탔다면 1년 전 말고 그 전에도 배 타고 가고 했던 거예요?

호성 아빠   그렇죠.

면담자   자주 놀러 가셨나 봐요(웃음).

호성 아빠   (웃으며) 갈 때는 코스가 짜졌잖아요. 갈 때는 배, 올 때는 비행기.

면담자   저도 목포에서 타고 가본 적 있었는데요.

호성 아빠   난 진짜 걱정 안 했어요, 소식 듣고도. 소식도 제가 본 게 아니고 옆에 동료가 얘기해 줘가지고 알게 됐는데 "괜찮아" [하면서 오히려 내가 데] 걱정 안 했어.

면담자   소식 듣고 조퇴하시고 나오신 거예요?

호성 아빠   네, 소식 듣고 가서 씻고 옷 갈아입고 나왔어(웃음). 그렇게 큰 배가 쉽게 가라앉으리라고 생각 안 했거든, 기울 수는 있어[도]. 전문가들도 얘기하잖아, 그 배가 그렇게 쉽게 가라앉을 수가 없다고, 최소한 7시간 이상은 간다고 했다고. 또 내가 알기 때문에, 근처에 섬이 많다는 걸 알기 때문에 걱정 안 했어요. 진짜 걱정 안 했어요.

면담자   아버님, 목이 아프니까 좀 쉬었다가 할까요?

호성 아빠   아니요. 괜찮아요.

9
참사 전 정치의식과 아들들과의 관계

면담자   이전 얘기로 다시 돌아가서요. 아버님, 예전에 뉴스나 아이들 키우는 이야기 아니면 세상 돌아가는 이야기들은 어떻게 보섰는지요.

호성 아빠　　　진짜 한심하게 살았죠. 오로지 나밖에 모르고 내 가족 밖에 모르고 살았지. 이 참사가 터지기 전에 바로 경주에서 사고가 났었잖아요, 학생들? 그때도 기억이 나. 그때 소식 듣고, 나는 곧 애를 대학교 보내야 되니까 그런 생각이 드는 거야. '대학교까지 입학시켰으면 고생을 많이 했을 텐데' 다 키워놨다고 생각을 한 거 아니야 부모들은. 대학교 보내면 큰 고비는 넘긴 거야. '얼마나 상심이 클까?', 그때는 남 얘기 같지가 않더라고. "부모님들 진짜 힘드시겠다" 그 얘기를 했었어. 근데 몇 달 후에 내가 그런 참사를 당했는데, 그냥 슬퍼해 줄줄만 알았지, '안됐다' 뭐 그거지 내가 들어가 가지고 그 사람들하고 동참해 가지고 뭘 하겠다 그런 게 아니니까, 지금 보통 사람들 생각하는 그 수준밖에 못 됐어.

　　지금 와서는 너무 내 자신이 한심스러운 거야. '그때 내가 그 문제에 좀 더 관심을 갖고 적극적으로 참여를 하고 했으면', 사고는 일어날 수 있어, 근데 '참사로까지는 안 갈 수 있게끔 했을 텐데' 그런 생각이 많이 들죠, '내가 진짜 한심하게 살았다. 내 새끼만, 나 하나만 보고 살았던 결과가 이렇게 됐구나', 결국은 내 자신을, 우리 애들을 만든 건 우리 자신이다. 기성세대들이 이렇게 한 거다 (울먹이며) 그런 생각이 들어.

면담자　　　아버님, 직장생활 말고 동호회 활동이라든지 종교를 갖는다든지 다른 생활들은 따로 없으세요?

호성 아빠　　　종교는 집사람이 [갖고 있고요], 저는 절에서 결혼식을 올렸어요. 집사람이 젊었을 때, 처녀 때부터 절에 관심이 있어 가지고, 저는 무교였고[요]. 집사람하고 저하고 산에서 만나서 절에서 결혼을 해가지고 절에 계속 다녔죠. 그리고 우리 스님이 호성이를 양자로 삼았고, 스님이 많이 이뻐해 주셨지. 호성이 낳기 전부터 그 절에 다녔으니까….

면담자　　　근처 절인 거죠?

호성 아빠　　네, [스님이] 호성이 뻔히 알지, 호성이 갓난아기부터 같이 다니고 그랬으니까. 그래서 스님이 많이 슬퍼하셨어. 1년 되기까지 매주, 호성이가 하늘공원에 있거든요, 하늘공원에 있는데 매주 가서 가지고 호성이 옆에서 기도해 주시고 그랬지, 1주기 지나고 나서부터는 한 달에 한 번씩 가주시고. 스님이 더 많이 울었어(웃음), 나보다. 많이 슬퍼하시고 그랬지.

면담자　　　아이들 키우면서 얘가 이렇게 자랐으면 좋겠다거나 아이들에게 강조했던 것들이 있으신지요.

호성 아빠　　호성이가 중학교 때 공부를 좀 안 했어요. 그때 한참 무서운 중2잖아(웃음). 그때 한번 성적표를 보고 혼낸 적이 있는데, 녀석이 그런 얘기를 하더라고. "아빠는 형한테만 공부하라고 하지 나한테는 공부하라는 말도 없었잖아요" 그런 말을 하더라고. 부모들이 다 똑같겠지만 큰애들한테 기대치가 크잖아요. 저 역시도 큰애한테 좀 많이 기대를 했는데 결과가 그렇게 안 나오니까, '공부라는 게 본인이 해야지 시켜서 하는 게 아니구나' 해서 둘째 녀석한테는 실제로 공부 얘기를 안 했어. 지하고 싶은 대로 하라, 지하고 싶은 대로 [하고 내버려 둔거지]. 단, 그런 얘기는 좀 했지. "니 인생은 니꺼다. 결과에 대해서 니가 책임지는 거지, 우리 보고 원망하지 말고 니가 알아서 해라" [하고] 약간 풀어놨어요, 큰 녀석한테 실망한 게 커가지고.

큰 녀석한테는 기대치가 컸거든. 애 엄마도 직장 월급 받아가지고 애 학원비 댔으니까. 그 정도로 기대치가 컸었는데, 둘째 녀석만큼은 그렇게 키우지 말자고 해서 지 하고 싶은 거, "니 하고 싶은 거 다 해라" 그랬는데 개는 그게 좀 서운했었나 봐. 아버지가 잔소리도 해주고 이랬어야 되는데, 형하고 자기하고는 좀 차이가 나니까 '아빠가 날 이렇게 하는 거 아닌가? 형한테만 기대치를 갖고 나한테는 없는 거 아닌가?' [하는 생각을 했던 것 같아요]. "그건 아니다"라고 이해를 시켰고 개도 풀었지만, 거두절미하고 해준 게 없어. 오로지 직장, '난 돈 벌어다 주면 땡이다' 그런 생각이었어.

50대 넘은 아빠들이 거의 다 저하고 비슷한 생각을 가지실 거예요. 애들을 챙기고 가정을 챙길 만한 시간적 여유도 없고 회사가 전부인 줄 알았지 우리야, 그렇게 살아왔고 또 그렇게 보고 자라왔으니까. 애들한테는 진짜 할 말이 없어. 그렇다고 애들하고 어렸을 때 같이 시간을 보낸 기억도 없으니까 너무 미안한 거야, 추억이 없어가지고. 진짜 바보같이 살았어. 왜 그렇게 살았는지 몰라. 일요일 날 한두 번 회사를 안 나가도 먹고사는데, 그렇다고 큰돈을 주는 것도 아닌데, 왜 그렇게 살았는지 모르겠어. 일요일 날 나가서 받는 돈이래 봤자 술 한잔 안 먹으면 되는 돈인데, 소주 한잔 안 먹으면 되는데(웃음). 물론 돈이 전부는 아니겠지만 지금 생각해 보면 너무 한심하게 산 거 같애. (잠시 침묵) 너무 재미없죠, 얘기가?

면담자   아뇨. 재미없는 게 아니라요, IMF 때 아이들이 태어나고 이러니까 직장에서 어려웠을 거 같아요. 새로운 직장에 적응하거나, 다니던 직장에서 구조조정당하지 않고 계시거나 이런 게 중요하셨던 시기니까….

호성 아빠   그것도 있지만, 그때는 40이 넘고 직장에 15년 정도 다녔을 때니까 어느 정도는 자리 잡았을 땐데, 일요일 날 나가가지고 내가 이쁘게 보여가지고 진급을 하는 것도 아닌데도 왜 나갔는지 모르겠어. 집에 있는 거 보단 회사 가는 게 더 편했나 봐. 애들하고 같이 있는 게 익숙하지는 않으니까. '애들하고 부딪히는 거보다는 회사 가는 게 더 편하니까 그러지 않았나' 그런 생각이 드는 거야. 애들하고 관계가 좋고, [집에] 있는 게 즐겁고 그랬으면 [집에 있었을 텐데] 그런 게 없으니까. 그런 생각이 길다 보니까 불편한 거야, 그 당시에는. 지금 생각해 보면 그런 것 같아, 애들도 아빠가 불편하고, 나 역시도 있으면 좀 서먹서먹하고, 또 남자들끼리 있으면 더 하거든. 딸내미 키운 집은 안 그런데 남자들만 있는 집은 더해요, 수컷들끼리 영역 싸움을 해가지고. 아실 거예요, 아마. 그런 게 있어, 되게 불편하다고. 큰 녀석하고 있으면 말 한마디, "일어나셨어요?", "식사하세요" 그 얘기밖에 없어. 지 방[에] 들어가 있고 나 방에 있고, 나오다가 나 나오면 들어가고, 내[도] 나가다가 지 나오면 들어가고 그런다고, 남자들.

면담자   (웃으며) 어머님이 사이에서 조절해 주시기 힘들었을 것 같아요.

호성 아빠 그렇죠. 엄마가 있으면 모이는데 엄마가 없다 하면 좍 찢어지지. 가정이 거의 다 그렇지. 요새는 아빠도 애들하고 시간을 가져줘서 그런지 아빠를 더 좋아하는 애들이 많다고 그러더라고 엄마보다, 엄마는 잔소리하니까.

면담자 예전에 투표는 하시는 편이셨는지요?

호성 아빠 투표요? 국회의원 투표는 안 했어요. 국회의원은 안 했고 대선은 했[었]는데, 요번에는 잘한 건지 못한 건지 모르겠는데 [투표를] 못 했어. 내가 안 해서 저 미친년이 된 건지 모르겠지만 만약에 했으면 더 속상했을 것 같아. 작년에 우스갯소리지만 그런 말 한참 했었거든, 우리끼리. "박근혜 찍은 사람은 손모가지 자르자, 우리" 지금도 술 한잔 먹으면 우스갯소리로 아빠들끼리 해, "너 박근혜 찍었지?" 손모가지 짤라버리라고(웃음). 정치에 대해서는 큰 관심은 갖지 않았고, 관심보다는 포기한 쪽이었지. 포기한 쪽, 그 표현이 맞을 거야 아마.

면담자 국회의원 선거는 안 하더라도 대선은 투표를 하셨다는 거잖아요. 그랬던 이유가 있으세요?

호성 아빠 어떤?

면담자 '국회의원은 안 하더라도 대통령 선거는 투표해야 된다'라고 해서, 투표하셨던 이유요.

호성 아빠 특별한 이유가 있는 건 아니고, 국회의원보다 대통령

이 조금이나마 더 중요하다고 나름대로 생각을 했나 보지. 그랬기 때문에 그렇게 했을 거고. 〈비공개〉

면담자 　아버님, 오늘은 여기까지만 하고.

호성 아빠 　또 있어요?

면담자 　예, 저희 2차, 3차 두 번 더 만나요(웃음).

호성 아빠 　내 얘기 너무 많이 했는데 다음에 만나서 무슨 얘기를 해야 되지?

면담자 　다음에 만났을 때는 학교 가고 나서 소식 듣고 내려가면서 차량에서 본 것도 서로 다 다르더라고요, 다 다른 차를 타고 가셨고.

호성 아빠 　그렇죠, 여섯 댄가 이렇게 움직였으니까.

면담자 　네. 도착하셔서 배를 타고 들어간 얘기부터 시작해서 아버님 기억을… 안 나시는 것도 꼼꼼히.

호성 아빠 　다음에 좀 힘든 얘기네.

면담자 　힘드시면 안 하셔도 돼요, 아버님. 기억을 해주셔서 초기에 실제로 이 사람들이 어떤 식으로 구조를 했는가? 구조에 어떤 도움을 줬는가? 뭘 했는가? 어떤 식으로 감시를 했는가? 이런 얘기들을 알려주시면 됩니다. 긴 시간 너무 고생 많으셨어요. 감사합니다.

2회차

2015년 12월 11일

1
시작 인사말

면담자　　　본 구술증언은 4·16 사건에 대한 참여자들의 경험과 기억을 기록으로 남김으로써 이후 진상 규명 및 역사 기술에 기여하고자 합니다. 지금부터 신창식 씨의 증언을 시작하겠습니다. 오늘은 2015년 12월 11일이며, 장소는 안산시 단원구 정부합동분향소 불교 방입니다. 면담자는 김향수이며, 촬영자는 정수아입니다.

2
근황: 〈나쁜 나라〉 시사회

면담자　　　아버님, 그동안 어떻게 지내셨는지요? 저는 지난 화요일에 뵀죠.

호성 아빠　　　네. 엊그제께 강릉[에서] 〈나쁜 나라〉 시사회 있어 가지고 가서 강릉 시민들 만나 뵙고 하룻밤 자고, 다음 날 거기 개인 방송국이 있어서 라디오 한두 시간 연속[으로] 녹음하고 왔죠.

면담자　　　〈나쁜 나라〉 강릉 시사회 갔을 때 좀 인상 깊었던 점 있으면 말씀해 주세요.

호성 아빠　　　그때 젊은 친구가 한 분 왔었는데, 그 친구가 많이 울더라고. 순범 엄마하고 저하고 나갔는데 마지막에 나가면서 엄마들하고 안아주는 그런 시간이 있는데[있었어요]. 많이들 우시고, 시민들도 뭐라고 말씀을 잘 못해서. 위로의 말을 어떻게 해야 될지 모르고, 서로 마주 보고 눈빛으로만 울면서 그랬죠.

면담자　　　아버님, 영화 〈나쁜 나라〉 처음 보셨을 때 느낌이 어떠셨는지요?

호성 아빠　　　저는 좀 실망스러웠어요. 뭐랄까? 그 얘기가, 왜 우리가 국회고 어디고 [가서] 그렇게밖에 할 수 없었는지에 대한 앞 얘기가 없어.

면담자　　　앞 얘기라고 하면?

호성 아빠　　　전개 과정이 있으면 앞에 우리가 싸워야 될 이유가 있어야 될 거 아니야, 뭣 때문에 우리가 싸운다는 거. 그 얘기가 빠졌다는 거죠. 보면은, 쉽게 얘기하면 우리가 울고 떼쓰고 그런 장면밖에 안 나오는 거야. 심의 때문에 얘기를 많이 수정을 했다고 그러는데, 사실은 끝까지 못 봤어요. 보다가 나와버렸어, 시사회 할 때. 여기 미술관에서 시사회 할 때 끝까지 못 봤어. 못 보겠더라고, 답답도 하고 그래 가지고(웃음).

면담자　　　아버님 생각에 앞부분에 들어갔으면 좋겠다는 부분이 어떤 부분인지 구체적으로 얘기해 주시면요.

호성 아빠　　　네. 쉽게 얘기하자면 〈다이빙벨〉 같은 경우 초반서부터 쪽 얘기가 전개가 되잖아. 근데 〈다이빙벨〉하고 이거하고 비교해 보면 이거는 너무 생뚱맞잖아. 중간만 얘기해 버리니까 이해하기가 힘들어. 과연 일반 시민들이 보고, 국민들이 보고 이해를 할까?

처음서부터 관심을 갖고 계속했던 분들은, 인터넷 뒤져가면서 관심을 가졌던 분들은 이해를 하지만 전혀 모르는 사람이 봤을 때는 과연 이해를 할 수 있을는지 의문스럽더라고, 팩트가 없어서. 뭐가 딱 줘야 되는데 그게 없는 거 같애, 실망스러워(웃음). 감독님 앞에서는 얘기 못 하고(웃음), 인터뷰하는데 〈나쁜 나라〉 얘기가 당연히 나올 거 아니야. 그냥 좋았다고 그러는 거지.

면담자 저는 일요일 날 이수역에서 경주 어머니 오셔서 했던 관객과의 대화? 그때 가서 처음 봤는데, 아버님이랑 어머님이 나란히 피켓 들고 계신 모습 보면서….

호성 아빠 국회에서?

면담자 네.

호성 아빠 아, 그날. 지금도 기억이 남는 게, [박근혜가 국회 본관 현관으로] 들어가면서 씩 웃으면서 들어가는데, 앞만 보고 가는 거야. 옆에 안 봐. 그러면서 씩 웃으면서 들어가는데 그 미소가 진짜 악마의 얼굴이더라고. 그 얼굴을 잊어먹을 수가 없어. 어떻게 그렇게 한 번을 안 쳐다보고 가냐? 사람이 아니야. 엄마들은 "살려주세요, 살려주세요" 소리 질러도 쳐다보지도 않더라고. 저런 사람을 대통령으로 뽑아놨으니 내 손모가지를 짤라버려야지, 다행히 투표는 안 했지만(웃음).

면담자 호성 아버님, 호성 어머님이 피켓 들 때도 함께 나란히 계신다면서요.

호성 아빠   4월 참사가 터지고 나서 진짜로 안 떨어져 있었어. 계속 같이 다녔어. 우스갯소리로 그래, 엄마, 아빠 그만 좀 붙어 다니라고. 이상하게 그 사람도 혼자 어딜 가면 내가 걱정스러운가 봐, 나 역시도 마찬가지고. 그러다 보니까 둘이 계속 같이 움직이게 되더라고.

면담자   이번에 강릉도 같이 가셨어요?

호성 아빠   예. 강릉도 원래는 내가 안 가는 건데 집사람이 "같이 가자" 그러더라고. "그쪽[에] 얘기도 안 됐는데 가서 괜히 폐 끼치는 거 아니냐?" 그랬더니 그래도 가자고 해서 쫓아갔지. 집에 혼자[서] 이틀 동안 어떻게 있어? (웃으며) 같이 갔죠.

면담자   오랜만에 강릉 같이 가시니까 어떠셨어요? 〈나쁜 나라〉 때문에 가긴 했지만요.

호성 아빠   강릉은 총각 때 가보고, 젊었을 때 가보고 진짜 몇십 년 만에 갔는데…, 별로 그런 게 없어.

면담자   라디오? 개인 라디오에 출연하셨다고 그러셨는데 그건 어떤 거예요?

호성 아빠   시민들 몇 분이 모이셔 가지고 인터넷 방송을 하시나 봐. 강릉 시사회 주관하셨던 분들이 방송국도 같이 하시더라고. 그래서 [인터넷 방송에] 가서 얘기하고, 엄마들 한바탕 울고 그랬지 뭐 (웃음). 아니, 어떻게 사회 보시는 분이 더 울어. 자기가 힘들다고 잠깐 쉬었다 가자고 그러고, 웃기더라고 아주(웃음).

면담자   생방송이 아니었군요. 인터넷라디오에 가서 출연하고 하면 어색하지 않으세요?

호성 아빠   그런 건 없어요. 어색하고 그런 건 없고, 호성 엄마도 몇 번 했으니까, '전국구 정봉주' 거기 몇 번 나가고 그랬으니까. 엄마들이 이제 인터뷰하고 말하는 게 아빠들보다 훨씬 더 잘하기 때문에, 몇 시간 동안 줄줄줄줄 해(웃음). 이제는 엄마들한테 배워야 돼, 아빠들이. 처음에 거의, (밖을 보면서) 엄마들 왔네.

면담자   교육청에 피케팅 갔다 오셨나 보네요, 다들.

호성 아빠   처음엔 몰랐는데 한 1년 지나니까 엄마들이 다 도사가 돼가지고 아빠들을 가르친다니까.

면담자   어떤 점에 있어서 특히?

호성 아빠   아빠들은 생각이 점점 퇴보가 돼가는 거 같애. 사리판단 하는 게 점점 둔해지는데 엄마들은 팍팍 돌아가. 상황이 벌써 몇 단계 앞까지 탁탁탁 생각하고 말씀을 하시고, 보는 시야가 더 넓어졌어, 남자들보다 엄마들이. 그래 가지고 확실히 모계사회가 좋은 거구나(웃음).

3
수학여행 전날: 당일 진도 도착 전

면담자   오늘은 주로 사건 당일부터 이야기들을 하려고 하는데요. 호성이 수학여행 준비하는 과정에서 기억나는 일이 있으세요?

호성 아빠　　　저번에도 잠깐 얘기했는데 호성이하고 마지막으로 본 거는 14일[이었어요]. 14일 저녁에 호성이가 수학여행 간다고 자기가 "집 며칠 비우는데 섭섭하지 않냐?" 그래서 "섭섭하긴 뭘 섭섭하냐? 좋은 데 놀러 가는데, 아빠도 따라가고 싶구만" 이랬더니 "그래도 아들이 집 비우는데 어쩌고, 저쩌고" 이놈의 새끼[가] 느닷없이 그러는 거야. "아빠 사랑해요" 하고 갑자기 안아주더라고. 나도 뭐 "그래, 잘 갔다 와. 사랑해 나도" 그게 마지막이야, 그게 마지막이고. 호성 엄마는 15일 날, 애네들이 수업을 했잖아요, 오전 수업하고 집에 들렀다가 [수학여행 출발했는데] 호성 엄마는 그때 보고, 난 14일 날이 마지막이었고. 호성 엄마는 15일 날 출발하기 전에 봤지, 학교 앞에서. 그러고 저녁에, 나는 전화 통화는 못했어. 호성 엄마가 전화 통화를 했는데, 그때 안개가 껴가지고 출항 시간이 7신간데, 6신가 전화가 왔었어. "엄마, 우리 다시 집으로 갈지 모르겠어. 배가 출항을 못 해 가지고" 그 통화를 했다 그러더라고. 그러다가 나중에 다시 출발한 다고 전화를 받았다더라고. 나는 그때 전화는 받지 못 했고 애 엄마만 받고 그랬지.

　　호성이가 고등학교 들어가고 나서부터 핸드폰을 죽여달래. 정지시켜 달라고 하더라고 공부한다고. 그래서 핸드폰이 없어서 호성이가 애 엄마 핸드폰을 갖고 갔었다고. 애 엄마 핸드폰 갖고 가서 나는 내 핸드폰을 지 엄마 주고 다녔는데, 16일 날 출근해 가지고 일을 하는데 동료가 오더니 "호성이 수학여행 가지 않았냐?" 그래서 "갔다" 그랬더니, "형님, 지금 인터넷에 속보 떴는데 배가 침몰한대요", 침몰하고 있다고 그러더라고. "무슨 소리냐?" 하고 핸드폰을 봤더니 기울어져 있더라고. 그래서 집사람한테 전화를 했지. 전화를 했더니 통화 중인 거야, 계속. [몇 번 해서 결국] 통화를 했지.

난리가 났지, 배 가라앉는다고. 그래 가지고 얘기했지. 내가 배를 세 번을 탔거든요, 그 배를. 오하마나호를 집사람도 타봤고. "너 그 배 타봤지 않냐? 그렇게 큰 배[가] 쉽게 가라앉지 않는다. 그리고 껌껌한 밤도 아니고 아침이기 때문에 걱정 안 해도 된다" 하고 애 엄마 달래고 집에 갔지. [집에 갔다가] 학교로 갔더니 벌써 방송국 차들 엄청 와 있고 그러더라고. 강당 올라갔더니 엄마들 와서 울고 난리[치]고 그러고 있더라고. 엄마들하고, 전화 통화하시는 분도, 애들하고 통화하는 분도 계시고, "몇 반이냐?", "누구냐?", "누구 있는지 확인 좀 해달라" [하면서] 엉망이고 난리였어, 아주.

그러고 있는데 애들 전원 구조라는 소식을 들었지. 그 자리에서 엄마들 박수 치고, "감사하다"고 "고맙다"고. 그러고 12시에 차를 해준다고 안내실에서, 학교 앞에서 버스 출발한다고 집에 가서 준비하고 12시까지 오라고 얘길 듣고, 집에 와서 애 속옷하고 옷하고 신발하고 [챙겨서 나왔어]. 다 젖었을 거니까, 애가 물속에 들어갔다 나왔으니까, 젖었으니까 옷 갈아입히려고 챙겨갖고 나오는데, 이상하게 호성 엄마도 그렇고 나도 그렇고 옷이 다 꺼먼 거야, 추울 때가 아닌데 4월 달[이]. 근데 이상하게 둘 다 검정 옷을 입고 나왔잖아.

나와가지고 버스를 타고 내려가는데, 앞에 경찰이 호위하면서 내려가는데, 요새 관광버스가 다 TV가 있잖아요. 기사님한테 TV 좀 틀어봐 달라고 그랬더니 고장 났다는 거야. 고장 나서 안 나온대. 그래서 가면서 차 안에서 계속 엄마들이 검색하는 거지, 핸드폰으로 검색하고 애들한테 계속 전화하고. 근데 이 차가 톨게이트 지나면서 서고, 톨게이트 지나면 [서고], 차 안이 급한데 자꾸 서더라고. '왜 그러지? 왜 그러지?' [하면서] 가는데…, 군산인가? 군산인가 어디서…. 아, 가면서 그 차에 기자들이 한두 명씩 타고 선생님들 몇 분이 뒤에 탔었어. 선생님들이 계속 거기서 올라오는 생존자 몇 명, 구조[된 애들] 누구누구 이름 불러주시고 그러더라고.

그러다가 군산인가 어딘가 지났는데 타가지고 "차웅이 부모님 계시냐?"고 [하더라고]. 차웅이 부모님이 내 옆쪽에 앉았었어, 차웅이 아버님이. 그런데 차웅이가 그렇게 됐다고 그 소식을 알리는 거야. 난리 났지, 차 안에서 엄마들이 울기 시작하고. 그래 가지고 목포쯤에서 차웅이 부모님은 내리시고, [차가] 미리 와서 톨게이트에서 기다리고 있더라고. 차웅이 아버님하고 어머님 내리시고 팽목, 진도로 내려가는데 느낌이라는 게 있잖아. '이상하다. 이상하다'고, 애 엄마한테는 "걱정하지 마라. 걱정하지 마라" 그랬더니 그게 아닌 걸 슬슬 알기 시작한 거야, 엄마들이 차 안에서.

4
진도에서의 경험

호성 아빠　　내려서 가니까 현황판이라고 붙여놨더라고, 화이트보드에다 애들 명단을 붙여놨는데 호성이가 없는 거야. (잠시 침묵) 체육관에 들어갔더니 구조된 애들, 생존자 애들이 담요 뒤집어쓰고 있더라고. 근데 여자애들이야 다. 남자애들은 안 보이더라고. 엄마들은 들어가서 애들 잡고 물어보는 거야. 자기 새끼, "누구 봤냐?", "누구 봤냐?" 그러고 정신없었지. 그러고 있다가 팽목으로 가는 차편을 해준다고, 사실 그때 어떻게 했는지 기억이 잘 안 나. 하도 경황이 없어 가지고 그 상황이 어떻게 됐는지 듬성듬성만 기억나지 총체적으로 기억이 잘 안 나.

팽목으로 들어가는데 그때 껌껌해지기 시작했어. 내렸는데, 여객터미널 있는데 내렸는데 썰렁한 거야. 관계자들도 없고, 천막 하나 쳐져 있고, 기자들만 카메라 들이대고 있고, 썰렁한 거야. 누가 보호해 주는 사람도 없고, 관계자도 없고, 경찰들도 없고 아무도 없는 거야. 파출소장이 하나 딸랑 있는 거야. 아버님들이 막 난리 치기 시작했지, 소리 지르고. "이 새끼들" 욕하고 하다가, 몇 분이 먼저 오신 분들이 거기서 해경하고, 119에 얘기해 가지고 헬기로 사고 현장 가자느니 말자느니, 배를 빌려서 들어가자느니 난리였어. 그러다가 "배를 빌리고 들어가자"해서 몇 분 아버님들하고 배를 타고 들어갈라고 그랬는데 나는 그때 못 들어갔어.

[다른] 아버님[들]만 들어가고 나는 그때 무슨 사정으로 해가지고 들어갈려다가 못 들어가고 있다가 11신가? 그때 처음으로 해경에서 부모님들 배를 해줬어. 그래 가지고 20분인가 30분인가 타고 들어갔어. 경비정 하나 해줘 가지고 사고 현장 들어갔는데, 없어 배들이. 얘네들이 얘기하는 건 배가 몇백 척이 어쩌고 하는데 없는 거야, 배가 몇 척이. 뜨문뜨문해 가지고 라이트 켜가지고 바다 위만 이렇게 수색을 하고 있지, 실질적으로 배 속에[서]는 아무 작업을 안 하고 그

냥 배만 딸라당 있는 거야. 거기서 한 바퀴 돌고, 또 작업한다고 못 하게 해, 접근을 못 하게 하더라고. 그래서 멀리서 보고, 사고 현장에 가서 보고 했는데 작업도 안 하고 있고, 하는 거라고는 그냥 라이트 비춰가지고 애들 떠 있나 안 떠 있나 그것만 확인하고 있는 거야. 그거 보고 들어왔어. 그게 다야. 그거 보고 들어오고, 애 엄마가 2차로 들어갔다 나왔어.

거기서 다 알다시피 뭐 그렇지, 엉망이었지. 욕지거리하고 멱살 잡고 그렇게 하고 있다가 애 엄마가 새벽 2신가 쯤에 들어갔다 나오더니 울기 시작하더라고. 배가 선수 조금만 남겨놓고 완전히 가라앉아 있는 상태였으니까, 울고 그래. 하여튼 정신없고 우왕좌왕하고 어떻게 해야 될지 모르고 누가 나서서 상황을 얘기해 주는 관계자도 없으니까 완전히 무법천지였지, 누가 해준 것도 아무것도 없는 상태였기 때문에. 그날은 아마 팽목에서 지냈을 거야. 팽목에서 지내고 둘째 날부터 걔네들이 [상황실이] 설치되고 하면서, 그 개새끼, 그 해경, 그 새끼 나와가지고 그때부터 [욕]하고 난리 쳤지. 난리 치다가….

면담자   나와서 어떤 얘기를 했어요?

호성 아빠   실질적으로 브리핑받은 게 없죠.

면담자   브리핑받은 건 없고요?

호성 아빠   없어.

면담자   근데 해경 지도부라든지 이런 게 없었어요?

호성 아빠   그게 없었어, 첫날은 그런 거 없이 했다니까. 그다음 날 정식으로 여객선 있잖아, 차까지 태울 수 있는 큰 여객선, 지금 운항하는 여객선 타고, 가족들이 다 타고 사고 현장에 다시 들어갔어. 들어가는데 비가 줄줄 왔었는데, 들어가는데 엄마들은 울음바다지, 배 보니까. 나도 그날은 많이 울었는데, 그날은 보[기만 하고], 배 안에서 해수부[가] 설명을 해주는 것도 아니고 배만 타고 한 바퀴 돌고 나오는 거야. 나왔는데, 호성이 [만나면] 갈아입힐라고 가방은 들고 다녔는데, 그 가방을 그날 잊어먹었어[잃어버렸어], 새 거를, 가방을. 그때 느낌이 오더라고, '아, 이 녀석 갔구나'. 얘기로는 골든타임 72시간 그런 얘기 나올 때였는데, 조금이나마 희망을 갖고 있었을 땐데 가방을 잊어버리니까[잃어버리니까], '아, 이 녀석이 가져갔구나. 갔구나' [하고] 사실은 그때 마음을 굳혔어. '이 녀석, 하늘나라 갔구나', 애 엄마한테는 얘기는 안 하고.

면담자   어디서 잃어버리셨어요? 그 배에서?

호성 아빠   응, 배에서 잊어먹었어[잃어버렸어]. '그럴 줄 알았으면 바다에다 집어 던져줄걸' 그런 생각도 좀 들었는데, 좋게 생각할라고. '이 녀석이 가져갔구나. 갈아입을라고 가져갔구나' 그런 생각이 들더라고. 울고 있는데, 애 엄마가 너무 힘들어하니까, 그리고 거기가 상황이 처음에는 되게 안 좋았어, 그래 가지고 체육관으로 왔지, 애 엄마가 너무 힘들어하니까. 체육관으로 들어오니까 체육관도 꽉 차가지고 [자리가] 없더라고. 그래서 스탠드 맨 꼭대기 있잖아, 그 창문 있는 데. 그쪽에 사람 다니는 데다가 [바닥] 깔고, 애 엄마는 그 맨

위에 있었지. 맨 위에 있으니까 전체가 다 보이는 거야. 체육관 안에
가 다 보이고. [단상에] 올라가서 몇 분들이 마이크 잡고 얘기하고 [하
더라고].

체육관으로 간 이유가 뭐냐면 여기[팽목]는 상황이 어수선해 가
지고 [정보가] 전달이 잘 안 되는 거야. 내가 정보를 얻기가 체육관이
아무래도 낫겠다 [싶어서], 그때 애들이 나오기 시작해서 여기[팽목]보
다는 그쪽이 돌아가는 상황을 파악하기가 더 낫겠다 [싶어서] 체육관
으로 가서 있었지. 처음에는 TV 조끄만 거 갖다 놨었어, 한 60인치
정도 되는 거. TV 그런 거 하나 갖다 놨는데, 박근혜[가] 왔잖아? 박
근혜 와서 알다시피 헛소리나 하고 지나가고 그다음 날, 그다음 날
인가? 우리가 청와대 간다고 나온 게? 그다음 다음 날인가?

면담자   다음다음 날.

호성 아빠   응, 그럴 거야 아마. 청와대 올라간다고 엄마들 비 오
는 날 나왔잖아. 집사람하고 걸어가다가, 진도체육관 나오면 굴다리
있잖아, 주유소 있고. 그 앞에서 경찰이 제지를 하더라고, 막더라고.
거기서 몸싸움하는 과정 중에 호성 엄마가 경찰들하고 앞에 섰다가
끼여가지고 쓰러져 버린 거야. 그래서 정신을 잃어가지고 지나가는
사람 차 잡아가지고 체육관으로 올라왔지. 체육관으로 올라와 가지
고 한 3일 동안 누워 있었어, 링겔[링거] 맞고. [호성 엄마가] 쓰러져 가
지고 꼼짝 못 했지, 애 엄마 옆에 있느라고. 그래 가지고 그때 팽목
상황을 몰라 나는, 애 엄마 때문에. 애 엄마가 쓰러져 있는 바람에
체육관에 계속 붙어 있었고…. 의사가 안 좋다고, 많이 안 좋다고 그

호성 아빠 신창식

러더라고. 전혀 먹지도 않고 며칠 동안 시간이 지났으니까 너무 지쳐 있다고 꼭 누워 있으라고 그러더라고.

애 엄마 옆에 붙어 있으면서 계속 애들은 나오고, 브리핑해도 이 새끼들 하는 게 거짓말만 해대고. 오늘 잠수사가 몇 명이 투입되고 배가 몇 척이 투입되고, 헛소리나 해대고 있는 거야. 우리는 뻔히 아닌 걸 아는데도 우리한테, [사고 현장을] 보고 온 사람한테도 거짓말을 치는 거야. 박근혜 왔을 때 경찰청장 그 새끼 거짓말 치는 거 봐봐. 우리 부모들 그때 소리치고 난리 피웠잖아. 내가 사진 하나 보여줄 게 있는데, 봤을지 모르겠는데 이건 찍지 말아요.

면담자   네, 이거는 촬영하지 않을게요.

(잠시 중단 후 재개)

호성 아빠   애 엄마는 좀 나아지고 나서 차분히 여기서 계속 자고, 팽목[에] 아침에 나갔다가 저녁에 들어오고 그 생활 반복했지. 반복하면서 하루에, 오전 오후에 브리핑을, 공식적인 브리핑을 두 번 했었거든. 오전에 브리핑 듣고 나가서 있다가 저녁 브리핑 시작 때 맞춰서 들어오고 그 생활을 반복적으로 하고, 그렇게 있다 보니까 정보과 애들이 그렇게 많이 깔렸었어. 매일 있으니까 딱 보이잖아. 세 명이서 스탠드 쪽에 듬성듬성 앉아서 핸드폰 들고 애들 사진 찍고 녹음하고…. 핸드폰 갖고 요렇게 있어. 옆에 이렇게 끼고 있어. 녹음을 해.

면담자   누구를 녹음해요?

호성 아빠   엄마, 아빠들 얘기하는 것도 녹음하고, 이거 보면 엄마들하고 아빠들하고 따로 떨어져 앉아 있잖아. 엄마들 대여섯 명이 앉아서 얘기하고 있으면, 한 40 중반, 50대 초반 되는 엄마들이 있잖아. 엄마들 가운데 한 명이 싹 끼어. 이렇게 앉아 있으면 요쪽으로 등 돌리고 끼어서 앉아. 정보과 경찰이야. 녹음하고 있다가 싹 빠져 나가고 [하는 것이] 그 위에 있으면 다 보이는 거야. 기자 애들[은] 맨날 찍어가도 나오지는 않고, 그래서 기자 새끼들 때려죽인다고 난리 쳤었고, 아빠들이. 그것도 사실은 우리 가족이 아냐, 가족이 아냐. 정보과 애들 놈. 나중에 누가 "누구냐?"고 쫓아가고 그래. "누구 가족이에요?" [그래도] 못 찾는 거야, 누구 가족이 없어.

면담자　　상세하게 얘기해 주시면 좋을 것 같은데요. 예를 들어서 어떤 상황이었어요?

호성 아빠　　그때 KBS나 MBC나 다 못 들어오게 했잖아. 특히 MBC 애들, KBS.

면담자　　체육관 안으로요?

호성 아빠　　응. 초창기에는 뭣 모르고 [인터뷰를] 다 했다가 방송에 안 나오니까. 체육관 있으면 뭐 해, 맨날 우리는 24시간 뉴스만 보니까, 안 나오니까 아버님들이 돈 거야. 그래 가지고 못 들어오게 하는데 이 새끼들이 막 들어오잖아. 하루는 기자가 들어오니까 "저 개새끼 저거 들어왔어. 저거 죽여" 그러면서 쫓아가는 거야, 몇 사람 남자가, 아버님들이. 몇 사람 쫓아가고 기자 애들은 카메라 들고 튀고 넘어지고 그랬는데, 쫓아간 사람이 우리 가족인지 아닌지 모르겠는 거야. 못 찾았어. 그 상황이 있고 나서부터 다른 데는 못 들어오게 하고 YTN만 들어오게 했지, YTN만 들어오고 YTN은 거기서 찍고.

면담자   YTN은 왜요?

호성 아빠   초창기 때는 그나마 YTN이 "생중계입니다" 그래. 생중계면 한 3, 4분 정도 차이가 나더라고. 얘가 스탠드에서 얘기하는 게 TV로 나오니까 YTN은, 그 당시에. 얘들은 여기 상황이 다 전달이 되니까 YTN은 들어오게 했지. 걔네들만 들어와서 취재하라고 허락을 해줬지, 우리 가족들이. 그러면서 정보원들이랑 우리 가족이 구분이 안 되니까 대안을 내놓은 게 "조끼를 입자, 우리 가족들은", 그래 가지고 우리 유가족들은 조끼를 입었어. 조끼 입은 사람과 안 입은 사람, 유가족과 아닌 사람 구분을 그때부터 하기 시작했지. 그때부터 우리가 뭔가 보이기 시작한 거였어.

면담자   조끼 나눠줄 때는 반별로 확인하고 그런 절차가 있었어요?

호성 아빠   응, 다 확인했지. 거기서 임시 반 대표를 선출을 했지.

면담자   그때 처음으로 체계가 잡히기 시작했군요?

호성 아빠   그때 처음 현철 아빠가 했었어. 현철 아빠가 반 대표를 했었고, 하면서 계속 애들 나오면 올라오고 그러고 있다가…. 우리 팽목 분향소 위에 있는 데 안치실이 있었잖아. 초창기 때는 애들이 나오면 천막 안에서 확인을 해줬었어, 확인을 시켜줬다고. 가족들이 들어가서 확인을 한 거야. 애들이 누워 있으면 가족들이 쭉 서 가지고 한 바퀴 도는 거지. 지금 생각해 보면 완전히 그때야, 5·18

때. 체육관에다가 이렇게 해놓고 [죽은 사람 확인하고] 그런 식으로 똑같은 거지. 애들 보니까…, 애들을 보니까…… (한숨 쉬며) 그렇다 좀. (잠시 침묵) 애들이 서로, 주먹을 이렇게 쥐고 있는 거야, 손톱도 없는 애들도 있고, 얼마나 그 안에서 그랬으면…. 돌아보고 내 새끼 있나 없나 확인하고, 그런 과정을 며칠 반복을 했지.

　　그러다가 애들 찾을 때 확인을 빨리 하기 위해서 DNA 채취도 하고…. 아빠보다는 엄마가 하는 게 더 확실하다고 하더라고. 그래서 애 엄마가 DNA 그것도 했었고. 그러다가 애들을 갈랐어, 여자애들하고 [남자애들하고]. 맨 처음에는 같이 놔뒀다가, 여자애들하고 남자애들하고 갈라가지고, 남자 반들은 이렇게 하고, 여자 반 엄마들은 이렇게 시켜놨지.

면담자　　　뭐를 갈랐다는 거예요?

호성 아빠　　그니까 남자애들하고, 안치실하고.

면담자　　　안치실을?

호성 아빠　　어. 텐트를 두 개 만들어놓고 여자애들하고 남자애들하고 따로 떨어트려 놨지.

면담자　　　그 전에는 올라오는 순서대로?

호성 아빠　　처음에는 여자애들하고 남자애들하고 같이 했었는데 찢어놓은 거지. 그건 잘한 거 같애.

면담자　　　따로 제안을 해서 그렇게 된 거예요?

호성 아빠　　모르겠어, 그거는. 아무래도 그쪽에서, 남자애들하고 달라 가지고 여자애들은 그렇잖아. 다 볼 필요도 없고 여학생, 남학생 부모들 있으니까, 남자 반들은 남자애들만 보면 되지 여자애들 반은 굳이 볼 필요가 없잖아.

5
아이 찾던 날

호성 아빠　　　그러면서 애들 얘기하는 게 특이사항, 애 특이 사항 같은 거, 신체 점이나 무슨 흉터 같은 거, 당시 입었던 옷 같은 거 다 적어 내라고 해서 적어 내고. 아니, 18년 동안 키웠는데 '애가 점이 어딨지?' 기억이 안 나. '가만있어 봐. 애가 점이, 배 쪽에 있는가? 가슴 쪽인가? 배꼽 쪽인가?' 기억이 안 나는 거야. 옷도 '뭘 입었을까?' 싸갖고 간 거 적고…. 호성이한테 내가 그랬어. "아침에 해돋이가, 일출이 장관이다", 내가 그 오메가 일출 있잖아, 그건 진짜 보기 힘들거든. 내가 제주도 갈 때 그걸 한 번 보고 찍은 사진이 있어. "야, 운 좋으면 요거 일출 볼 수 있으니까 아침에 꼭 일찍 일어나서 그거 보라"고 그 얘기도 했었거든. 이 녀석도 분명히 그날 일찍 일어나서 그거 봤을 거야, 아마.

　　근데 지금 생각해도 왜 뛰어내리지 마라 그랬는지 이해가 안 가, 왜 거기서 애들을 왜 교실로 들여보냈는지. 뛰어만 내렸으면 어선들이 다 건졌었다고 애들을, 애들을 다 건졌었다고.

면담자　　　얼마 전에 토론회 할 때 근처에 있었던 배 선주 그분이 얘기하셨는데, 기다리고 있다고 빨리 뛰어내리게 하라고 얘기했다고 계속 말씀하시더라고요.

호성 아빠   그래. 뛰어만 내렸으면 살았어, 애들. 진짜로 다 살았어. 체육관에 있으면서 한 분 한 분 애들 찾아갖고 올라가고, 애들이 나오는 게 50번에서 100번이 되고, 100번이 150번이 되니까 무서운 거야. 무서운 생각이 들기 시작하는 거야. 그때부터, 모르겠어, 한편으론 애 찾아갖고 올라간 사람이 부럽기도 하고…. (잠시 침묵) 박근혜 그년 왔다 가서 TV를 두 대 설치해 줘가지고 현장에서, 체육관에서 배에다가 카메라를 달아가지고 체육관에서 그 현장을 볼 수가 있었어. 볼 수가 있고 하는데, 맨날 들어와서 브리핑을 한다고 하는데 맨날 그 얘기가 그 얘기고, 잠수사가 몇십 명이 들어가서 몇 시간 작업하고 [하는] 헛소리나 픽픽 해대고. 진짜 200번이 넘어가니까 그때부터 사람이 미치겠더라고.

그리고 또 희한한 게 낮에는 애들이 안 나와. 꼭 밤에만 나오는 거야, 새벽에만. 애들 나오면 인적 사항 해가지고 체육관으로 보내주면 체육관에서 워드로 쳐가지고 A4 용지만 한 거 띄워줬다고. 몇 번에 인상착의, 키 이렇게 올려주면, 키 180에 그러면, 호성이가 키가 180이 넘었으니까. 무조건 키만 180이면 쫓아 내려가서 계단에 보면 그게 있었어. 경찰, 해경이 있어 가지고 들어가면 사진을 찍은 거를 확인을 할 수 있었거든. 가서 보면 아니고, 아니고, 아니고…. 도저히 힘들어서 못 있겠더라고. 그래 가지고 진도 거기까지 내려가가지고 PT병을, 생수 있잖아. 석수. 잠시만. (전화로 잠시 자리 비움) 어디까지 얘기했지?

면담자   내려가서 보기가 힘들었다.

호성 아빠   아, 내려가서 보면 애들 사진, 사진…. 하도 힘들어 가지고 내려가 가지고 생수 통 하나 사가지고 생수를 다 비우고 소주를 따르니까 소주 다섯 병이 들어가더라고.

면담자   아, 큰 거.

호성 아빠   어. 큰 거에, 소주 다섯 병이 들어가더라고. 사갖고 체육관에 올라와서 컵에다 따라가지고 몰래몰래 한 잔씩 먹었어, 미치겠더라고. 그러고 있다가 저녁에 이주영 [해수부]장관이 와가지고 말하더라고. 그래서 내가 일어나서 얘기했지. "당신 애들 봤냐?", "애들 올라온 그 사진 봤냐?" 그랬더니 한 번도 못 봤대. "가서 보고 오"라고, "보고 오라"고 소리를 쳤지, 체육관에서. 가더라고. 그래서 쫓아 내려갔어, 진짜로 보나 안 보나 확인할라고. 가서 보더라고. 다시 들어와서 "보셨냐?" 그랬더니 봤대. "어떠냐?" 그랬더니 아무도 못 쳐다보고 고개 푹 숙이고 있지, "죄송하다"고. "우리가 애들 살려달라는 것도 아니고 살려내라는 것도 아니고, 열심히, 안아보고 싶어서 찾아달라는 데 그것도 힘드냐?" 그러면서 욕도 하고 그렇게 했어. 대판 했지. 그때 아마 이주영이가 확인한 애가 216번일 거야, 번호도 기억을 하는데 내가.

이주영이 내려오고 나서 220번이 떴는데 호성이 같애. 내려갔지. 애 엄마는 못 보게 하고 내가 내려갔어. 내려가서 봤는데, 애들 전체 찍은 거하고 얼굴 부위하고 찍었는데, 긴 거 같기도 하고 아닌 거 같기도 하고 헷갈리더라고. 그래서 나와서 호성 엄마한테 "야, 아닌 거 같애" 그러고 지났는데, 이상한 거야. 걸려가지고 또 한 번 내려가서 봤어. 확신을 못 하겠더라고 호성인지. 그렇다고 애 엄마한테 보라고 할 수도 없고. 〈비공개〉 (한숨을 쉬며) "아 모르겠다"고 그러고 나갔어. 아침에 눈을 떴는데 걸리는 거야. 또 내려가서 봤는데도 결정을 못 내리겠어.

그냥 나와서 아침에 팽목을 들어갔는데, 우리 반에 그분이 애들 찾았다고 헬기 타고 올라간다고 [그러더라고]. 그때 애들 헬기 타고 올라갔었던 때야. 올라가신다고 그러더라고. 그래서 잘 됐다고 올라가시라고 인사하고, 애 엄마하고 체육관에 돌아왔는데 전화가 왔어. "누구세요?" 하니까 ["호성이 부모님이세요" 하더라고]. "네 맞습니다" [했더니] 호성이 찾았다는 거야. (한숨을 쉬며) 호성 엄마가 "이 미친새끼 지 자식도 못 알아본다"고 막 욕을 해대는 거야, 애 엄마가. 220번이 호성인거야. DNA 검사해 가지고 날 찾은 거지. 욕을, 욕을 애 엄마한테 [엄청 먹었어]. 팽목으로 다시 갔지. 팽목으로 가가지고 안치실 가서, 들어오라고 그러더라고. 애 엄마는 못 들어가게 했어. 〈비공개〉

엄마는 얘를 거기다 딱 해놨더라고, 못 보게 했는데 자꾸 애 엄마는 "발이라도 좀 보자"고, "발이라도 보자"고 [했지만] "됐다. 내가 봤으니까 됐다"고 못 보게 했어. 이 사람도 그러는 거야, 나한테. "어머니 보여드리지 마라" 그러더라고. 〈비공개〉 팽목에서 다시 체육관 오니까 옆에 분들이 짐을 대충 정리해 주셨더라고. 그래서 가방 들고 헬기 타고 바로 안산으로 올라왔지.

6
장례

호성 아빠　　안산으로 올라오는데 고대병원이 꽉 찬 거야. 고대병원이 꽉 차가지고 안산 신도시에 있는 병원으로 갔지. 거기밖에 없대, 병원이. 고대병원은 이틀을 기다려야 되는데 어떻게 기다려, 기다릴 수가 없지. 올라오면서 식구들한테 연락했지, 애 데리고 올라간다고. "회사에도 연락을 해라" 그랬더니 벌써 회사에서 준비를 해 놨더라고. 절에 다니니까 스님한테도 미리 연락드리고 해서 스님도 와 계시다고 그래 가지고 하고….

작은애 보내는데 염을 할 때 식구가 들어가야 되잖아. 애 엄마가 또 들어간다는 거야. 그때는 스님이 막아주셨지. 스님이 애 엄마한테 "뭘 들어오냐? 들어오지 마라"고, "나 혼자 할 테니까 호성 아빠도 여기 있으라"고 아무도 들어오지 말라고 해서고 스님이 혼자 하셨어, 염을. 〈비공개〉

(잠시 침묵) 말로써 표현이 될지, 그때의 상황은…. 해경이고 정부고 해수부고 이게 말로써 될 수 있을는지 모르겠는데, 후회스러운 게 그때 핸드폰도 있고, 그런 게 있는데 그거를 왜 못 했을까? 그게 너무 후회가 돼. 사실은 호성이 엄마가 많이 안 좋았기 때문에 나는 바지도 못 탔어. 그때 아버님들 돌아가며 순번으로 바지 타고 그랬는데 나는 계속 체육관에 있었기 때문에 팽목 상황을 잘 몰라. 그래 가지고 얘기할 게 크게 없는데….

미수습자 가족

면담자　　　저희가 구술증언을 따로따로 받는 이유가, 서로 본 것들이 다르고 있었던 공간도 다르고 시간 차도 있고 그래서, 유가족들의 이야기들이 모이면 공통의 목격담이 나오지 않을까 해서입니다. 팽목에서 본 것도 중요하지만 체육관에서 일어난 일도 중요한 증언이 될 겁니다. 아버님은 체육관은 짧게 얘기하셨지만 박근혜 대통령이 와서 했던 당시 상황이라든지 아니면 "진도대교에 가자" 해서 갔다고 했는데 그 과정들, 왜 가자고 하게 됐는지, 언제 처음 그런 제안이 나왔고 등 이런 것도 사실 중요한 이야기예요.

호성 아빠　　　네, 그때 가족들이 회의를 계속했었어. 매일 저녁마다 했는데, 대통령이 왔다 갔는데도 전혀 나아지는 게 없는 거야. 그리고 분명히 공대위 수립한다 그래 가지고, 이 정부가, 걔네들이 주관하는 해수부나 해경이 무슨 안을 내놓고 우리들한테 설명을 해주는 게 아니라 '당신네들이 원하는 게 뭡니까? 당신들이 얘기해 주면 하겠습니다' 그런 식인 거야. 결국은 지네들이 총대를 안 메겠다는 얘기지. 책임을 안 지겠다는 얘기야. 나중에는 만약에 결과가 잘못 나와도 '당신네들이 원해서 해준 거 아니냐? 니네들이 원했기 때문에 한 거다' 또 자기네들은 '책임은 없다'는 식으로 빠져나가는 거야. 그게 너무 화가 나는 거지.

　　전문가들도 분명히 그 안에 있을 거고, 있으면 지네들이 무슨 안을 내놔야지, 오죽했으면 우리가 머구리를 얘기했을까. 머구리, 우리가 얘기한 거야, "잠수부 저 산소통 하나 메고 들어가서는 작업 못한다. 머구리 갖고 해야지" [하고]. 초창기 때도 머구리를 구할라는데 머구리가 장비가 없대요. 콘프레샤[compressor, 컴프레서]가 없대, 콘프레샤가. 바지[에] 콘프레샤가 없대, [그게] 말이 되는 소리냐고. 이 새끼들이, 하다못해 무슨 비상 연락망이라는 게 있을 거 아니야. 무슨 문제가 생기면 어떻게 해야 된다는 그런 시스템 자체도 없는 거고 우왕좌왕하는 거야. 아무것도 없는 거야.

집사람 고모님이랑 오셔가지고 그러는 거야. "저건 안 된다"고, "구조 작업해야 된다, 머구리 갖고 저건 해야지" [하고] 진도에 계신 분들도 말씀하신 게 그런 거야, "저거는 안 된다"고 "머구리 갖고 들어가야지 저거는 산소통 하나 갖고 몇 분을 버티고, 저거 뭐 하겠다는 거야". 들어가는데 [감압]하고, 올라오는 데 또 감압해야 되고, 실제로 들어가서 5분, 7분 작업할라고 그 작업을 하는 거야? 무슨 작업을 하겠다는 거야. 7분 동안 뭘 하고 거기서 무슨 작업을 해? 수작업 해봤자….

면담자　　　큰 밴데.

호성 아빠　　　어. 그것도 그 새끼들이 얘기하는 거, 몇백 명이 아니라 두세 명씩 들어가는데, 그래 가지고 초반에 많이 했었고…. '다이빙 벨' 그거 갖고도 문제가 많았었고, 반대하는 부모들도 있었고, 찬성하는 부모들도 있었고…. 근데 팽목에서 그렇게 소리쳤던 애들이 지금 와서 보면 없어, 그 부모들이 안 보여. 물론 안 나오시는 부모들도 계시지만은, 나만 그렇게 느낀 게 아니고, 대다수의 아버님들도 그런 말씀을 하서, "그렇게 소리치던 애들, 걔네들이 도대체 누군지 모르겠다"고. 이상한 세력들이 그땐 너무 많이 들어와 있었어, 거기에. 오죽했으면 "팽목에 절반은 다 정보원이다"라고 우리가 그랬을까. 엄청났었어. 그래서 앞에 있으면 "고만 좀 하고 가라"고 뭐라고 해놓으면 나갔다가, 저쪽에 가서 또 앉아 있고, 뭐가 그렇게 감시할 게 많은지 우리를 조사를 해서….

그러다가 해경 해체설 나오고 그랬었잖아. 그러니까 여기 파견 나와 있는 애들, 걔네들도 확 죽은 거야. 그러면서 농담으로 그러지, "야, 니네들 없어진다는데 때려 치고, 그 누구야? 유병언이, 유병언이나 잡으러 다녀라", "그때 현상금이 얼만데, 걔나 잡으러 다녀라. 멀지도 않고 이 근처이구만". 진도 그 근처로 왔었잖아. 그때 있으면서 해경하고 많이 친해졌어, 애들하고. 애들도 농담으로 "형님 나 때려 치고 쟤나 잡으러 다닐까?" (웃으며) 그런 얘기도 했었고 그랬어. 밑에서 일하는 애들은 진짜 많이들 고생도 했어. 인간적으로 우리하고도 많이 친해졌고.

문제는 나와서 있는 윗대가리 새끼들이 했지. 밑에 애들은 고생 많이 했지. 우리한테 험한 꼴도 많이 당하고, [그래서 오히려] 고맙고 걔네들한테는. 특히 진도에 있으면서 자원봉사 하시는 분들이 전국적으로 다 오셨잖아, 학생들도 오셨고 나이 드신 분도 오셨고. 그분들한테 너무 감사하고, 특히 내 기억에 남는 게 둘째 날인가? 셋째 날인가? 한 분 오셨는데 그분이 그렇게 기억에 남아. 그분이 호성이 찾고 애 보내놓고 내려갔는데도 그때까지 계시더라고. 한 석 달 가까이 계셨던 것 같애, 자원봉사 하시고.

70

호성 아빠 신창식

면담자	그분이 기억에 남았던 이유가?

호성 아빠   그분이 오셔가지고 첫날 우리하고 얘기를 하게 됐어. 그래 가지고 기억에 남는 거지. 있으면서 그분이 [자원봉사를] 하시는데, [우리가] 올라올 때는 정신없이 올라왔는데 [다시] 내려갔는데도 계셔. 또 한 4, 5일 정도 진도체육관에 있다가 또 올라오고 다시 있다가 내려가고, 그때 교대로 우리 반끼리 움직였어. 우리 반은 아직 [못 돌아온] 애가 둘이 있잖아, 현철이하고 영인이가 있기 때문에. 1반, 은화 엄마, 다윤이 있고 해서 몇 반들은 계속 교대로 내려갔었다고. 같이 있어주고 [했어], 혼자 있는 거 보다는 같은 반끼리 있어주는 게 많이 힘이 되지 않을까 [하고 생각했던 거지]. 그래야지 조금이나마 덜 미안할 거 같애 가지고 그분들한테, 그래서 내려갔었죠.

내려가면 길게 있는 사람은 일주일씩 있고, 바쁜 사람들은 3, 4일 정도 있다가 올라오고, 전화해 가지고 "야, 뭐 먹고 싶은 거 없냐?", "닭발 먹고 싶어. 매운 닭발 먹고 싶어" 그러면 닭발 사갖고 내려가고, 먹고 싶은 거 싹 준비해 갖고 내려가고 그랬었지. 근데 내려갔는데도 너무 불편해, 미안하고. 너무 미안한 거야, 나만 애 찾아갖고 올라온다는 게. 엄마들이 "우리도 유가족이 되고 싶다"는 말을 하는 게 그런 거지. 충분히 이해가 가지. 너무 죄송스러웠고, 올라오면서. 우리가 활동을 하면서 첫날, 처음으로 축구장에서 전체 유가족 회의를 했잖아. 그때부터 본격적으로 움직이기 시작하면서 여기 일도 보느라고 진도에 많이 못 내려가 줬지. 너무 죄송하고, 그건 많이 미안해. 현철이 영인이하고….

〈비공개〉

8
진도대교 행진에 대한 기억

면담자   진도대교에서 청와대로 가자고 한 날, 반대하시는 분들도 많고 의견들이 여러 가지 있었을 거 같은데요.

호성 아빠   아니, 반대의견은 별로 없었어요. 반대의견은 별로 없었고, 제 기억으로는. 반대할 이유가 있나? 이유가 없잖아. 그렇다고 100프로는 아니지만은 대다수의 의견이 거기에 동참을 했으니까. 그리고 다들 밖에 나와서 행진에 참여를 했고. 몇몇 유가족이 아닌 식구들, 그런 분들은 체육관에 계시고, 제 기억으로는 아마 거의 다 나왔어. 제가 나오고 나서 애 엄마 쓰러진 것 때문에 [우리는 못 갔지만, 굴다리 쪽] 거기 뚫고 진도대교까지 갔었으니까. 애 엄마 쓰러지는 바람에 나는 체육관 쪽으로 오니까 체육관 안의 광경을 기억을 하지, 썰렁했으니까. 몇 사람 없었어, 거의 다 나가고. 거기 나간 애들은 경찰애들이겠지, 나가 있는 애들은. [나는] 애 엄마 쓰러지는 바람에 꼼짝없이 있고.

이런 일도 한번 있었구나. 팽목 갔는데 애 엄마가 저녁에 기도하고 별 소릴 다 해도 안 들어주니까 갖고 있던 염주를 뜯어가지고 확 집어 던져버린 거야, 길에다가. "부처님도 필요 없다"고 하고선 와서 나한테 툭툭거리는 거야. 그러더니 팽목 가재. "왜?" 그랬더니 집어던진 거 찾으러 가자고(웃음), 찾으러 가재. "왜?" 그랬더니 빨리 찾으러 가재. 가서 차 밑에 다 뒤지고 있더라고, 그래 갖고 찾아갖고 오고.

면담자   다행이네요, 찾아서.

호성 아빠   던져놓고 밤새 그랬나 봐, 맘에 걸렸나 봐(웃음).

면담자   오늘은 여기까지 하고, 다음번에 지난 1년 6개월 동안
에 있었던 일에 대해 말씀해 주세요.

호성 아빠   그때 [진도에서의] 기억보다 올라오고 나서 이제 엄마
들 활동하는 게 [할 이야기가 많지].

면담자   그중에 기억이 남는 것들이나 기록을 남기고 싶은 것
들, 남기고 싶은 경험들 얘기를 해주시면 고맙겠습니다. 오늘은 여
기까지 할게요, 아버님.

호성 아빠   네, 수고하셨습니다.

3회차

2016년 1월 11일

1
시작 인사말

면담자   본 구술증언은 4·16 사건에 대한 참여자들의 경험과 기억을 기록으로 남김으로써 이후 진상 규명 및 역사 기술에 기여하고자 합니다. 지금부터 신창식 씨의 증언을 시작하겠습니다. 오늘은 2016년 1월 11일이며, 장소는 안산시 단원구 정부합동분향소 불교방입니다. 면담자는 김향수이며, 촬영자는 정수아입니다.

2
근황

면담자   아버님, 저희가 구술로는 거의 한 달 만에 만나는 거더라고요.

호성 아빠   그렇게 되네, 동거차도 갔다 오고 그래 가지고.

면담자   그간 어떻게 지내셨는지요.

호성 아빠   25일 날 동거차도 들어갔다가, 애들 [상차림] 그거 1일 날 갔다 오고, 5일 날 진도 가서 애들 유실물 보고, 그러고 지냈죠.

면담자   진도가 꽤 멀던데 아버님 왔다 갔다 할 때마다 힘들지 않으세요, 몸이?

호성 아빠   별로, 가다가 중간에 군산에서 한 번 쉬면 절반 온 거니까, 하도 다녀가지고 이제(웃음). 요번에는 좀 더 힘들더라고. 그렇지 않아도 요번에도 엄마들, 우리 6반 엄마들 몇 분 내려가셨어, 30일 날 애들 상 차려줄라고. 순범이 하고 호성 엄마는 팽목에 있고, 우리 6반 어머니 두 분은, 재능이 엄마하고 원석 엄마하고 동거차도 들어왔는데 많이 힘들어하시더라고. 어머님들이 다 똑같애. 딱 올라와서 첫마디가 "너무 가깝다", 사고 현장이 너무 가까우니까, 많이 속상해하시고, 올라오자마자 보고 욕부터 나오시지. 너무 가까우니까 많이 힘들어하시더라고.

면담자　　　'파파이스' 동거차도의 아버지들 그 편, 9월 25일편 봤더니 진짜 가깝더라고요.

호성 아빠　　　진짜 가까워.

면담자　　　손 대면 잡힐 것같이.

호성 아빠　　　여기서 화정천, 개천, 그 정도 거리밖에 안 되니까, 직선거리로는 더 가까우니까. 저번에도 얘기했지만은 1.6킬로인데, 섬 끝에서 거기까지는 한 1,400? 1,000[미터] 그거밖에 안 될 거라고. 많이 힘들었어, 요번엔. 새해 되고 애들 그거 보니까, 많이 힘들더라고. 내일은 더 힘들겠지, 졸업식이니까. 어저께 방학식들을 한다고 많이들 오셨는데 학교로 갈려다가 못 갔어. 못 간 게 아니라 안 갔어. 여기서 오셔가지고 손님맞이 하고 인사드리고 그랬는데, 내일은 많이 힘들 것 같애.

면담자　　　아까 들으니까 형제자매들은 학교까지 간다고 얘기하시더라고요.

호성 아빠　　응, 간다 그러더라고. 공식적인 입장은 우리가 참석을 안 하기로 했는데 개인적으로 가실 분들은 가실 거야. 생존자애들 졸업하는 거 그것도 해줘야지. 걔네들도 많이 힘들고, 어떻게 생각하면 걔네들이 더 힘들지도 몰라. 우리는 애들[이 하늘나라로] 가서 가슴에 묻었지만, 걔네들은 앞으로 살 날 동안 그거를 계속 갖고 가야 되잖아. 어떻게 보면 걔네들이 더 안쓰럽고 그렇지.

면담자　　저번에 보니까 어머님들이 수능일이라고 챙겨주시고 마음 써주시더라고요.

호성 아빠　　그렇지. 어저께도 총회 끝나고 우리 반끼리 저녁 먹으면서 "애들 한참 수능 끝나고 학교 붙었으면 멋들 낼라고 옷 사 입으러 다니고 그럴 텐데" 그런 얘기하면서 또 짠했지(웃음). 1월 1일 날 우리가 금요일 날 피케팅을 했잖아. 우리는 그때 동거차도에 있어가지고 참석 못 했지만은 어머니들 참석하신 분들은 그날 많이 슬퍼하셨더라고, 첫날서부터 피켓 들고 딱 서 있을라니까(웃음).

면담자　　총회 마치고 6반 반 모임 하셨어요? 평소에도 계속하시는 거예요?

호성 아빠　　네, 계속하고 있어요. 우리 반만 하는 게 아니고 다른 반, 10[개]반 다 하고 있어요. 그리고 오늘 같은 날은 우리 반이 당직이야, 분향소 당직. 그래 가지고 또 모여가지고 얘기하고 그렇죠, 10일마다 돌아가니까.

3
가족대책위 활동

면담자　　　오늘은 좀 이야기가 긴데요, 시작은 호성이 찾고 장례 치르고 처음 분향소로 나오시게 된 과정들? 어떻게 지내셨는지요, 그때.

호성 아빠　　　호성이 치르고 5일 날 왔죠. 5월 5일 날 [장례]하고 나서 있다가, 진도에 내려갔지. 올라오면서 영인이 엄마하고 현철이 엄마, 아버님하고 약속을 했으니까, 올라왔다가 같이 있어주기로 약속을 했으니까. 올라갔다가 한 일주일 정도는 앓아누웠다가 내려가고, 가서 짧게는 3일, 길게는 일주일씩 왔다 갔다 했어. 왔다 갔다 하다가 조금 지나서는 우리가 서명을 하기 시작했잖아요. 서명하면서 반별로, 그때 할당이 지역별로 나눠줬었다고. 그래 가지고 서명받으러 많이 다녔지. 그러면서 진도체육관은 좀 뜸해졌고, 활동하다가 [보니까].

　　다 알다시피 국회 들어가서 특별법 때문에 국회 농성도 하고, 다 아는 얘기야. 지금 생각해 보면 진짜 많이 다녔어. 전국 별의별 데 다 다녀봤지. 서명 다니면서 상처도 많이 받고, 그러면서 더 이거에 대한, '진짜 이거는 내가 해야 되는 거구나', 한쪽으로는 상처도 받으면서 한쪽으로는 더 굳건한 마음을 갖게 됐지. 엄마들은 많이 힘들었어. 서명 다니면서 많이들 우시고, 고생들 많이 하셨지, 엄마들.

면담자　　　상처를 받았다는 게 어떤?

호성 아빠   이렇게 하고 있으면 지나가면서 툭툭 내던지는 말 있잖아. 던지는 말이 엄마들한테 가슴에 꽂히는 그런 말들 있잖아. 지금도 하지만 그때도 많이 했어, 싸움도 할 뻔했고. 그때 느낀 게 뭐냐면 '엄마들끼리만 놔둬선 안 되겠구나. 큰일 나겠구나' [하는 거였에]. 될 수 있으면 엄마들 갈 때 아빠들이 같이 움직여 줄라고 해. 엄마들만 있으면 그런 게 있으니까. 남자들이 있으면 좀 덜해. 지나가면서 말이 없는데 엄마들만 있으면 와서 건드리는 사람들이 있어.

면담자   그때는 분위기가 되게 좋을 때였잖아요, 지금보다. 그래도 그런 분들이 있었어요?

호성 아빠   있었어. 그때도 있었어. 지금보다 그때가 더 많았지. 지금은 아예 사람들이 외면하는 사람들이 많잖아. 쳐다보지도 않고 자기들 가던 길 그냥 가는데, 그때는 지나가면서 물론 격려의 말씀도 해주시는 분도 있지만은 지나가면서 툭툭 던지는 사람들이 많았어. 엄마들이 상처 많이 받았지. 특히 50대 넘은 엄마들 있지? 그 엄마들이 그런 소리 많이 하더라고 의외로, 같은 부모 입장인데도 이상하게. 〈비공개〉

국회에 있으면서, 국회에서 이렇게 깔고 잔 게 우리가 처음이라 그러더라고, 지금까지 역사상 처음이래(웃음). 그 [국정조사특위] 회의 들어갔다가 회의 장소에서 우리가 이틀 잤었잖아, 의사당 안에서. 하여튼 별의별 짓을 다 해봤다. 특별법 제정하면서 있으면서 한 여름에 장마철에 고생들 많이 했지. 모기에 개미, 위에서는 비둘기가 똥 싸고…, 고생들 많이 했어.

면담자 　　　　서명받으러 다니거나 국회 농성할 때 기억에 남는 일화 혹시 있으신지요?

호성 아빠 　　　그때 우리가 의사당 앞에서 쭉 앉아 있었잖아. 국회의원들이 와서 얘기해 주고 이러는데 그렇게 싫더라고. 앉아 있다가 박영선이고 뭐고 애들이 와서 이렇게 하고 그러면, 앉아 있다가 일어나서 저쪽으로 가버렸어, 싫어 가지고. 얘기하기 싫더라고, 걔들 얼굴 보는 것도 싫고. 물론 걔네들한테 도움을 청할라고 거기 가서 앉아 있지만은 싫더라고.

그리고 도보 [행진]도 했잖아 우리가, 안산에서 광화문까지. 가서 맨날 있고…. 그때 있으면서 우리들끼리, 엄마들끼리 삭발 얘기가 나왔었어. 단식투쟁, 단식 들어가기 전에 "엄마들이라도 상복 입고 머리 깎아야 되는 거 아니냐?" [하고] 우스갯소리로 처음엔 얘기가 나왔었지. 그러다가 아버님들이 단식 들어가고, 그때 유민 아빠 그러면서 있다가, 조금 있다가 우리가 청운동으로 가서 거기서 앉았잖아, 주저앉았잖아. 그때 웅기 어머니, 순범이, 영석이 그다음에 또 누구지? 누구 엄마지? 네 분 정도 있다가 호성 엄마 합류해 가지고 청운동에 있으면서….

근데 국회보다 청운동에 있을 때가 난 기억에 많이 남아. 초창기에 있으면서 첫날, 비 오는 날 비닐 덮고 자고 그랬잖아? 그러다가 텐트를 치고 천막 치고 그랬는데, 처음에 청운동 그쪽 식구, 동네 주민분들이 되게 그랬어. 근데 시간이 점점 흐를수록 뭐라 그럴까? 우릴 좀 챙겨준다 그럴까? 지나가시면서도 처음에는 "뭐 하는 짓이냐? 남의 동네 와가지고" 그러다가 며칠 지나니까, 며칠이 아니라 한 달 정도 지나니까 그때서부터는 고생들 한다고 하면서 집에서 반찬 같은 것도 놔두고 가시고, 젊은 친구들은 지나가면서 "이거 드세요" 하고 빵 같은 거도 놓고 커피도 놓고 가시더라고. 좀 지나면서 '사람, 부모 마음이라는 게 똑같구나' [했지]. 처음에는 불편하시지. 우리 때문에 차도 막히고 그러면 말씀들 많이 하시는데, 조금 지나니까 이해해 주신 게 너무 감사하고 고맙더라고. 거기 있으면서 그쪽으로 많이들 오셨어, 사람들이.

거기 있으면서 많이들 알게 됐지. 영진 스님도 알게 됐고, 문 신부님도 알게 됐고, 좋으신 분들 많이 알게 됐어. 거기 있으면서 힘들었지만 한편으로는 좋은 시간이었다고 봐. 분수대 거기 들어가려면 세 번을 검문을 거쳐야 돼. 100미터 조금 더 되는데 갈 때마다 싸우는 거야, 들어갈 때마다. 매 모르는 놈인데도 매 잡는 거야(웃음). 여기서 잡고, 거기서 잡고, 길 건너서 분수대 들어갈 때 걔네들한테 또 잡히고, 싸우는 게 계속 반복이야. 지네들도 지겨울 텐데도 "해야 된다"고 똑같은 소리 하는 거지, 매일 반복적으로. 나중에는 그게 재미있더라고(웃음). 웃으면서 걔네도 그래, "아시면서 뭘" 그래(웃음). 조금 지나니까 서로 반농담식으로 하게 되고 그렇게 되더라고.

나 같은 경우는 매일[은] 못 있고, 그때[는] 직장을 다녔었어, 재작년에. 좀 급할 때는 "휴가를 내라" 그래서 금, 토, 일 이렇게 3일씩 올라와 있었거든, 호성 엄마도 그렇게 있었고. 청운동에서 있다가, 우리가 청운동을 11월, 11월 십 며칠인가? 11월 그때쯤이었을 거야, 중순쯤에, 76일 째 우리가 철수를 했으니까. 그거 하고, 바로 그때 진도에서 수색 작업 중단 기자회견 하고 그럴 시기였어요. 앞뒤로 그럴 때였어.

청운동에 있으면서 그 철수 건에 대해서 얘기가 나왔을 때, 사실 나는 반대를 했었거든? 몰라, 이걸 얘기하면 어차피 들어갈지 안 들어갈지 모르겠지마는 개인적으로는 생각은 그랬었어. "청운동은 빼면 안 된다. 여기를 빼느니 아예 광화문을 빼자. 광화문은 우리가 안 지켜도 다른 사람들이 지킨다" 근데 청운동만큼은 다른 사람들이 들어올 수가 없는 데잖아, 우리 가족이 아니면. 그리고 "여기 한 번 빼면 절대 들어오기 힘들다" 해서 나는 반대를 했었거든, 청운동은. 반대를 했었는데 청운동이 철수가 됐어. 지금 와서 생각하면 '그때 청운동은 빼는 게 아닌데' 후회가 되는데, 일단 결정이 났으니까 따라야지. 철수하기로 했다 그래 가지고 철수할 때 청운동 안 갔지, 나는 (웃음). 나의 개인적인 표시로 청운동 철수할 때 안 갔어. 그때는 많이 속상했지, 여기는 진짜로 여기는 빼면 안 되는 곳인데…. 사람마다 보는 시각이 다 틀리겠지마는[다르겠지만], 거기서 크게 하는 건 없지만 상징적인 곳이잖아, 청와대 바로 앞이라는. 그리고 대통령이 지금까지 한 번도 그쪽 길로 다녀본 적이 없대. 그쪽이 대통령이 다니는 길은 아니지만 그래도 바로 코앞에 우리가 이렇게 있다는 게 엄청나게 걔한테 부담을 줄 수가 있는데, 정부한테. 그래서 뺀다는 거에 대해서 그렇고, 지금도 되게 아쉬워, 우리가 뺐다는 게 아쉽고….

가끔씩 광화문 올라가면 한번 올라가 봐, 걸어서 청운동까지. 청운동 한번 올라갈라 그러는데 전철역서부터 검문을 하잖아. 일부러 우리는 옷을 입고 다녔어. 세월호 인양하라는, 흰색에다 풍선 그려

호성 아빠 신창식

져 있는 그 티를 일부러 우리는 입고 올라갔거든? 올라가자마자 바로 잡지. 그럼 거기서 막 싸우는 거야. 걔네들 얘기가 뭐냐면, 유가족이라고 그러면 확인을 해야 된대 우선. "야, 어떻게 확인을 하냐? 내가 유가족인지 아닌지 니가. 어떻게 확인을 시켜줄까? 내 주민등록증 내면 확인이 돼? 응? 그래서 일부러 내가 이 옷 입고 다니는 거 아니냐, 확인시켜 줄라고. 너하고 말싸움하기 싫어 가지고 일부러, 뻔히 잡을 줄 아는데도 내가 이 옷 입고 다니는 이유가 뭐냐? 모르겠느냐?" 그랬는데도 막무가내야.

그래 가지고 올라가잖아? 올라가면 경찰 한 녀석이 붙어가지고 쭉 올라가 끝까지. 길 건너가면 그때야 이 새끼들이 다시 내려오고 그런 짓을 했어, 70일 동안 매일. 그래 가지고 청운동에서 조금 있다가 "청운동 주민들한테 알리자"해서 두 패로 나눠가지고 청운동 건너편 그 시장 쪽으로 일부러 다니면 애들이, 정보과 애들 몇 명 쫓아와. 그럼 걔들 달고서 두 패로 나눠가지고 (웃으며) 돌아다니고.

면담자   그때는 유인물 나눠주시고 이런 거 하셨어요?

호성 아빠   응, 그때 돌아다니면서 하고. 거기 쪽으로 외국인들이 많이 오잖아. 그럼 4·16 식구들에 영어 잘하는 애들이 있으니까, 걔네들하고 같이 외국인들한테 알리고 이러면서 다니고. 교대로 분수대 피케팅 들어가고 그러면서 생활했어. 가끔씩 밑에서 커피 대주고, 또 삼계탕도 (웃으며) 그 사장님 참 고마우시지, 삼계탕도 먹고.

면담자   삼계탕은?

호성 아빠   밑에 그 삼계탕집 있잖아. 그쪽에서 사장님이 80개씩 올려주고 그랬었어. 그래서 삼계탕 먹고 [했지].

면담자   다음부터 그 근처 갈 일 있으면 거기서 먹어야겠네요(웃음).

호성 아빠   (웃으며) 그리고 밑에서 커피, 거기서 커피 갖다주고, 진짜 너무 감사했지.

면담자   아버님, 청와대 쪽으로 들어가려고 하면 막았다고 하셨는데요, 전달할 게 있어서 들어가신 거예요? 아니면 그냥 일부러 들어가셨던 거예요?

호성 아빠   피케팅 들어갈 때, 우리가 1시간씩 교대로 피케팅했거든. 한여름이니까 그때 덥잖아. 들어가야지 나올 거 아니야. 그치? 저쪽이 나와야지 들어간다는 거야.

면담자   바통터치 해줘야 되는데.

호성 아빠   그니까. 또 둘 이상은 못 들어가게 해요. 거기 가서 서 있고 교대로 하면 되잖아. 처음엔 그렇게 못 하게 해가지고 들어갈 때 매 시간마다 싸우는 거야. 뻔히 아는데도 융통성이 없다고 그럴까? 애들이? 이상한 애들이야, 우리나라 공무원들이. 머릿속이 진짜로 이상한 애들이야. 한번 따봐야 돼. 무슨 생각을 갖고 있는지 모르겠어. 그걸 매[번] 하는데 뭘 매일 신고를 해, 그거를 보고를 하고, 그냥 그런가 보다 하면 되지.

진짜 속상한 게 뭐냐면 중국 새끼들은 말이야, 외국 놈들은 고속버스 타고 버스로 그냥 들어가는데 [우리나라] 국민이 거기를 못 들어가는 거야, 외국 놈들은 들어가는데. 개놈의 새끼들 거기 가가지고 그 돈 받아가지고 뭐 했는지 몰라, 그 새끼들. 그 두당 받을 거야. 한 사람당 얼마 [내고] 들어가는 거, 그 돈 갖고 뭐 하는지 몰라, 그 개새끼들. 그게 더 화가 나는 거야. 하루에 보면 몇백 대가 왔다 갔다 들어간다고, 몇천 명이 들어간다고. 많게는 5,000명 가까이 하루[에] 왔다 갔다 한다는데, 그 놈들은 들어가는데 우리는 못 들어가게 하니까 그게 더 화가 났지. 그리고 그 관문을 세 번씩이나 거쳐야 되고. 말이 안 되는 거야. 국민은 없어, 이 나라에(웃음). 우리가 돈 주고 들어가 봐. 그냥 통과됐을 텐데, 입장료 끊고(웃음).

면담자   관람비를 내야 된다(웃음).

4
직장 복귀와 퇴사

면담자   아버님, 직장 잠깐 다녔는데, 다시 복귀하시는 게 좀 힘들지 않으셨어요?

호성 아빠   회사에서 많이 봐줬지. 사고 나서부터 회사에서 월급은 매달 나왔었어. 진도에 있을 때도 사장님, 임원들 왔다 가면서 "걱정하지 말고 일 볼 때까지 해라. 부담 갖지 말고" [그랬어]. 내가 직장을 23년을 다녔거든. 나름대로 책임감이라는 게 있잖아. 너무 쉬면은 안 되겠더라고. 내가 한 사람 빠짐으로써 내 몫을 내 동료가 일을 해야 되잖아. 미안도 하고 그래서 애 엄마한테 얘기를 했지.

"직장 나가봐야 될 것 같다" 그러니까 호성 엄마도, 그때는 어느 정도 시기가 지나니까 애 엄마 혼자 놔둬도 될 것 같더라고. 그래 가지고 8월 넘어서 여름휴가 끝나고 나서 8월 중순쯤에 복귀를 했지.

복귀를 해가지고 일을 하는데 힘들더라고, 많이 힘들더라고. 첫째는 이렇게 있다가 애들이 내가 가면 말이 딱 끊기는 거야, 말이 딱 끊기고 내 눈치를 보더라고. 처음에는 그런가 보다 하고 했는데 자꾸 반복이 되니까, 자꾸…. 한편으론 이건 내 생각인데 '저 놈은 지새끼 앞세워놓고 뭘 또 돈 벌라고 직장을 다니나?' 그런 소리를 하는 [것 같은] 생각도 드는 거야. 내 자신이 많이 힘들더라고. 그리고 마음은 회사에 있지만은, 아니, 몸은 [회사에] 있지만은 마음은 저쪽 가 있고…. 복귀하고 바로 그때 삼보일배 했나? 광화문에서? 아마 그랬을 거야. 그래 가지고 삼보일배에 참석을 못 했거든. 그것도 속상했고. 그런 게 복합적으로 있더라고. 금요일부터는 시간을 낼 수 있어가지고 되는데 주중에는 참석을 못 하고 답답도 하고, 미안도 하고, 우리 가족들한테.

그래 가지고 '연말까지만 다니자' 내 속으로는 그렇게 마음을 정해놓고 집사람한테는 얘기를 안 했지. 얘기를 안 했다가 11월 달 돼가지고 얘기를 했어. 애 엄마한테 얘기를 했더니 생각 외로 흔쾌히 받아주더라고(웃음).

면담자   원래는 어떻게 할 거라고 생각하셨어요?

호성 아빠   나는 '무슨 소리냐?'고, '내가 할 테니까 당신은 직장 힘들겠지만 다니라' 그럴 줄 알았더니, "그러라" 그러더라고. 너무 쉽게 대답이 나오니까 (웃으며) '이거 좀 이상하다' [생각했지]. 그러면서 단, 토를 단 게 "그 대신 약속을 하나 해라" 약속이 뭐냐면 "술을 먹지 마라"[였어요]. 걱정이 됐나 봐. 내가 술을 좋아하고 그러니까 맨날 술 먹고 술에 젖어가지고 있을까 봐 걱정이 됐나 보더라고. "그 약속 하나만 지켜달라"고 그러더라고. 그래서 "알았다. 그 약속을 지켜주마" 그래 가지고 바로 그만두게 됐지. 그만두고, (한숨 쉬며) 1월 달부터 4·16TV 들어가서, 지성 아빠 혼자 계시니까, 내가 사진 찍는 걸 좋아하니까 지성 아빠 도와서 하고…. 그러다가 팽목까지 우리가 도보 [행진]하기 시작했잖아, 그래서 그거 쫓아다니면서 촬영하고.

우리 6반 코스는 걷고, 그다음에는 쫓아댕기면서 촬영하고 있다가, 1주기 지나고 나서는 내가 4·16TV에 있는 거보단 바깥쪽으로 나가서 하고 싶었어. 그런 생각이 들더라고. 물론 4·16TV도 중요하지만은 4·16TV가 매일 촬영을 나가고 그런 게 아니기 때문에, 물론 찍고 온 거에 대해서 편집하고 유튜브에다 올리고 그런 작업도 필요하지만 좀 그렇더라고. 그래 가지고 지성 아버님한테 말씀을 드렸지, "밖에 나가서 엄마, 아빠들하고 같이하고 싶다"고. 지성 아버지도 "그래라"해서 나와가지고 호성 엄마 쫓아다니면서 금돌, 『금요일엔 돌아오렴』 간담회 다니면서. 호성 엄마가 금돌하면서 얼굴이 좀 많이 알려졌잖아, 『금요일엔 돌아오렴』 하면서. 쉽게 얘기하면 시다바리[보조역] 같이 (웃으며) 쫓아다니면서 했지. 사진도 찍어주고, 멀리 갈 때는 같이 가주고, 가까운 데 갈 때는 혼자 보내고 그런 식으로 활동을 했어, 작년은.

5
『금요일엔 돌아오렴』 간담회 경험

면담자　　　아버님, 『금요일엔 돌아오렴』 책 나오고 읽었을 때 느낌이나 소감은 어떠셨는지요?

호성 아빠　　　『금요일엔 돌아오렴』이 나와가지고 작가 선생님이 보내줬어. 이메일로 보내줬는데, "아버님, 이거 얘기가 아버님 욕이 많이 나와요" 그러더라고(웃음). "좀 뭐하시면 말씀하세요. 빼드릴게요" 그러더라고. 그래서 얼마나 욕을 했길래 그랬나 읽어봤더니 좀 많이 썼더라고(웃음).

면담자　　　어머님이 얘기를 주로 하신 거니까요.

호성 아빠　　　어어. "뭐 없는 얘기도 아닌데 그냥 올리세요" 그랬지. 그랬더니 "괜찮겠냐?" 그러더라고. "괜찮다"고, 맞는 얘긴데 뭐(웃음). 작가 선생님이 그러더라고, "아버님, 호성이 얘기가 좀 대박"이라고(웃음). 금돌하면서, 맞어, 작년 2월 달에 호성 엄마가 쓰러져 가지고, 그때 넘어져 가지고 깁스했구나. 2월 달에 올림픽기념관에서 행사하다가 다리에 걸려가지고 앞으로 그냥 꼬꾸라지면서 무릎이 깨져버린 거야. 그래 가지고 깁스했었지. 집에서 평생 처음으로 밥도 해보고 빨래도 해봤네. 두 달 동안 (웃으며) 꼼짝 못 하니까, 다 받아주고, 힘들더라고. 안 되겠어. 그래 가지고 기저귀를 사다 기저귀를 채우고 그랬지. 화장실 갈 때마다 부축해 주고 그러니까 그것도 힘들어. 그래 가지고 세숫대야 받쳐가지고 했는데, 귀찮아 안 되겠

호성 아빠 신창식

어. 하루는 가가지고 성인용 기저귀 사다가 기저귀 채워놨지. 그랬더니 조금 편안해지더라고(웃음).

면담자   밥도 직접 하고 하면 힘드셨을 것 같은데요.

호성 아빠   밥이야 전기밥솥이 하는데 반찬이 문제야. 하면서 물어보고, 집사람은 누워서 "뭐 해" 그러면 그렇게 하고 "뭐 넣어" 그러면 그렇게 하고(웃음).

면담자   어머니가 양념이나 재료 많이 들어갔다고 소리 지르실 것 같은데(웃음).

호성 아빠   그거 하면서 내가 느꼈는데, 저 다시다 있지? 다시다가 많이 넣으면 맛있더라고. 확실히 MSG가 그래서 좋은 것 같애(웃음). 한 숟갈이나 두 숟갈 넣으면 맛있어. 내가 그걸 알았지. 그래 가지고 동거차도 갈 때마다 다시다를 꼭 사갔고 가잖아. 다시다하고 마늘 다져놓은 거 있지? 그거 두 개만 있으면 되더라고(웃음).

면담자   『금요일엔 돌아오렴』 '북 콘서트' 간담회 다니면 기억에 남는, 인상 깊은 게 있을 것 같은데요? 지역을 워낙 많이 다니시니까요, 〈나쁜 나라〉 시사회도 그렇고.

호성 아빠   처음에는 진짜 눈물로 시작해서 눈물로 끝나. 처음에는 다 그랬어. 초창기 때에는 사회자부터 진행자서부터 울기 시작해 가지고 다 울음바다지. 울려고 모였는지 얘기할라고 모인 건지 다 울어, 울다가 끝나고 그랬는데…. 그때 『금요일엔 돌아오렴』이 컸어, 지금 와서 생각해 보면. 『금요일엔 돌아오렴』 하고 거의 다 말씀하시는 게 "책장을 못 넘기겠다"고 그러더라고. "읽지를 못하겠다" 그래 가지고 다 읽은 사람이 없어. 나 역시도 아직까지 그걸 다 못 읽고 있거든. 다 그 말씀을 하서. "읽지를 못하겠더라", "못 하겠다", "몇 장 읽다가 덮고, 덮고 그랬다" 그러더라고, 그러면서 되게 아파 하시고.

거기 하면서 뭐라 그럴까? 이 정부에 대해서 보는 시야가, 사람들이 그때부터 많이 바뀌기 시작하는 거[를] 좀 느꼈어. "설마설마했는데 이 정도까지 되느냐?"는 그런 말씀도 많이 하시고, 결론적으론 "함께하겠다"라는 말씀도 많이 해주시고, 많이 힘이 됐지. 많이 힘이 되고, 한편으로는 민감한 얘기가 나오면 마음도 또 좀 [힘들어]하고. 가끔씩 보면 그런 사람들 있잖아, 돈 얘기, 배·보상금, 돈 얘기하는 사람도 계시고. 처음에 막 했다가 지금은 웃어서[웃으면서] 그걸 할 수가 있는데 그때는 많이 힘들었지. 안 좋은 얘기가 많았잖아, 우리 얘기. 대리 기사, 그 폭행도 있었고 학교 특례입학 해가지고 그런 얘기들 물어볼 때 많이 힘들었고 그랬어, 그때는.

특히 대리 기사 폭행 사건 같은 경우는 할 말이 없지, 무조건 잘못했으니까 우리가. 그거에 대해서는 할 말 없고, 특례입학이나 그런 거는 우리가 얘기한 게 아니잖아. 그런데도 우리가 얘기한 거로 알고 계시는 분들이 많더라고, 그때는. 그래 가지고 속상도 했고, 돈 얘기 나오면 그게 또 많이 속상했고…. 어차피 그거야 뭐 과정이니까, 언젠가 한번 거쳐야 되는 그런 거기 때문에 그래도 잘 넘긴 거 같애. 한편으로는 TV에서 작년에 8억이라고 못을 박아갖고 얘기해주니까 고맙고, 그다음부터는 돈 얘기가 20억, 30억 얘기가 쏙 들어갔으니까. 그거는 잘해줬어. 미디어가 잘해준 거야, 방송이.

6
배·보상 문제와 가족

면담자   그 전에는 얼만지 구체적으로 모르니까 추측해서 말하는 분들이 많았죠?

호성 아빠   그때는 20억, 30억 얘기했었다니까, 20억 얘기는 진짜 많이 들었어. 어떤 분들은 30억 얘기도 들었대. 난 20억 얘기는 들었어. 근데 정부에서 8억이라고 못을 박아줬으니까 그 얘기는 별로 안 나오더라고. 〈비공개〉

면담자   배·보상금 때문에 주변의 시선에 좀 힘들어하시는 분들도 계시겠네요?

호성 아빠   응, 있어. 많아. 여기서 치고, 저기서 치고 마음의 상처 많이 받지. 애 보내놓고 나서 그러는 게, 어쩌면 그게 더 힘들지도 몰라. 아까 얘기했지만 가족들하고 완전 끊어졌고, 나도 가족들 안 만나거든. 안 만나. 재작년에 조카 장가갈 때 봉투만 보내고 안 갔어. 가지는 않고 한 번씩 집에 오는데, 누나는 괜찮은데 매형하고 얘기하면 이렇게 도는 거야 자꾸, 매형하고 나하고 나이 차가 있어서 그런지 몰라도 얘기하다 보면…. (웃으며) '식구들도 이러는데 생판 남들은 오죽하겠냐?' 그런 생각도 [들기도 하고], 이해도 되고…. 나이 드셔서 그런지 몰라도 종편만 보나 봐. 얘기하는 게 똑같애, 채널A 보는 거 같애. 그 얘기하는 거 보면, (한숨을 쉬며) 왔다 가면 그다음 날까지 힘들어. [조카] 애들은 또 미안해서 그렇고. '그래, 너 살고 나 살고 무소식이 희소식이다. 서로 그냥 열심히 살자' 그런 식이지. 애들도 얼마 전에 애 낳았다고 그러대. 애 낳았는데도 못 가봤어. 안 가는 게 편하지 뭐. 걔도 부담 가고, 갔다 오면 또 속상하고. 〈비공개〉

7
사고가 아닌 학살, 청문회와 교실 존치 문제

면담자　아버님, 참사 나고 1년 8개월 정도 됐잖아요.

호성 아빠　그렇죠. 20개월이 넘었지, 21개월 됐지.

면담자　1년 8개월 중에 돌이켜 봤을 때 가장 분노스러웠던 일이나 화났던 일을 꼽으라면 어떤 걸 꼽으실 수 있어요?

호성 아빠　4월 16일이지, 4월 16일. 요번에 청문회 때도 얘기가 나왔지마는 진짜로 걔네들 3일 동안 아무것도 안 했어요. 청문회 하면서 그게 다 밝혀졌는데도 모르쇠로 나가는 거 보고 더 화가 나고, 진짜로 애들을 안 구했어. 애들을 수장시킨 거야. 난 이건 진짜로 학살로 봐. 이건 사고가 아니고 참사도 아니고 이건 학살이야, 학살. 100프로 학살이야. 분명히 구할 수 있었는데 안 구한 거라고. 얘네들이 행위 자체도 한 게 없잖아, 구할라고. 그게 밝혀졌잖아, 청문회 때. 그게 가장 화가 나고….

또 요 근래에 가장 화가 나는 게 교실 존치 문제. 얘기했지마는 아직 애들 네 명하고 선생님 두 분이 안 올라오셨잖아. 아직 안 올라오셨는데 교실을 뺀다는 것, 그리고 내일 졸업식을 한다는데, 원래 졸업식 2월 달이잖아요. 한 달 빨리 당긴 이유가 뭐냐면 교실 리모델링할라고 한 달 당긴 거라고. 만약에 우리가 내일 졸업식에 참석을 한다면은 저 교실 빼겠단 얘기야. 교실 빼겠단 얘기지. 책상 빼가지고 수원에 교육청에다가 갖다 놓고, 창고 컨테이너에다가 애들 책상하고 서랍장 같은 것들 차곡차곡 쌓아놓겠다는 거지. 그래 놓고 페인트칠하고 신입생 받겠다 이거야, 지금 생각이 그거라고.

우리가 요새 〈나쁜 나라〉[간담회] 다니면서 질문이 많이 들어오는 게 뭐냐면, 교실 존치에 대해서 우리가 왜 그걸 해야 되는지, 그거에 대해서 이해를 못 하는 분들이 많이 계시더라고. 우리가 교실 존치를 얘기하는 게 뭐냐면, 우리가 저 공간을 우리한테 달라고 하는 게 아니라고. 우리는 교실 욕심 없어. 우리가 얘기하는 건 뭐냐면 이 참사가, 이 비극이 일어났을 때 열이면 열, 다 한 말이 뭐였어? 교육을 바꿔야 한다고 얘기를 했잖아. 가장 급한 게 우리 교육의 문제라고, 교육을 바꿔야 된다고 그랬던 사람들이 20개월이 넘었는데 한게 뭐야? 하나도 없잖아. 20개월 동안 아무것도 안 하고 있다가 시간 다 돼가지고 시간이 없으니까 교실 비워달라, 어? 결국은 우리하고 재학생들 부모들하고 싸움 붙여놓은 거야, 이 정부가 한 게. 문제가 있다고 바꿔야 된다고 하면서 한 건 하나도 없고 교실 빼라고?

우리는 단지 그거야, '이 교육에 문제가 있었으면 뭔가 바뀐 거에 대한 개선안을 내놓고 뭔가가 있어야지 제2의, 제3의 참사가 없어지는 거 아니냐'. 근데 그런 것도 없이 학교 교실만 빼주시라고, 책상,

의자 바꿔갖고 애들 받겠다는 얘기기 때문에 우리는 납득할 수가 없는 거지. 그리고 언젠가는 추모관이 생길 거란 말이야. 추모공원이 생기고, 추모관이 있으면 분명히 그때는 교실, 우리가 저렇게 끝까지 안 간다고. 언젠가는 저 장소를 이쪽으로 옮기고 할 거란 말이야. 그 전에 뭔가가 바뀌고 개선안이 나오고 그래야지 우리가 [납득을] 할 수 있는 건데, 아무것도 없이 지금 한다는 거는 얘기가 안 되는데, 일부 많은 시민들은 우리가 우리 욕심으로 저 교실을 갖고 있어야 된다고 생각하시는 분들이 많더라고. 그건 절대 아니거든. 그거를 많이 말씀을 드리는데 잘 이해를 못 하시더라고.

그런데 한번 '기억[과 약속]의 길' 갔다가, 학교 갔다가 여기 한번 참석하신 분들은 100이면 100 다 "교실 존치해야 된다"고 말씀들을 하시지. 근데 여기 안 오신 분들은 생각이 틀리신[다르신] 분들이 많더라고. 분향소보다 교실이 더 힘들대. 합동분향소 들어가서 애들 영정 사진 보는 거보다 빈 교실이 더 마음 아파서, 더 [고통이] 크다 그러더라고. 우리 부모들도 사실은 저 교실 가기가 쉽지는 않아. 오늘도 우리 반 엄마들 어저께 손님들 왔다고 학교 갔었거든, 오전에? 가서 교실 치운다고 갔다 왔는데, 힘들어 우리들도, 교실 들어가기가. 애들 [자리] 비어 있는 거 보면은 열 반 중에 여덟 반이 애들이 갔어. 300명 중에 250명이 갔다고, 300명 중에. 열 반이 300명인데 250명이 [갔는데] 과연 저 교실을 저런 상태에서 해가지고 수업이 될까, 과연 저게 수업이 되고? 납득하기가 좀 힘들어, 재학생 부모들도 이해하기 힘들고.

면담자　　　　재학생 부모님들이랑 같이 한 번 모여서 회의한 적 있었잖아요.

호성 아빠   지금까지 그게 기회가 없었죠.

면담자   재학생 부모 대표와 이야기 나누시지 않았나요?

호성 아빠   그치. 대표 몇 명이 와서 그 사람들하고는 우리가 몇 번 얘기를 했었지만은 전체 재학생 부모들하고 우리 가족들하고의 만남 시간은 아직까지 단 한 번도 없었어. 그거를 중재를 해주는 교육청도 없고, 노력도 없고, 단원고 학교 측도 그런 노력을 안 하고…. 그 사람들한테도 그 사람 나름대로 힘든 게 있을 거 아니야? 탁 터놓고 얘기도 하고 우리 생각도 그 사람들한테 얘기해 주고 그러면 뭔가 합의점을 찾을 수가 있는데 그런 게 없단 말이야. 그런 게 없고 몇몇 대표라는 사람이 와가지고 얘기하는데, 그 사람이 얘기하는 게 전체 의견이라고 믿을 수가 없는 거야. 자기네들끼리 뭔가가 모여가지고 얘기를 했으면 되는데 그런 절차 자체도 없어. 그게 어떻게 전체 의견이야. 그렇잖아. 재학생들 전체 회의를 해가지고 거기서 결정이 나왔으면 그게 전체 의견인데 전체 회의도 안 갖고, 한 번도 한 적이 없어. 그래 놓고 몇 사람들이, 운영위원이라는 사람들이, 간부 몇 명이 뚝딱뚝딱 해가지고 전체 의견이라고 내놓는데 그걸 어떻게 믿어. 믿을 수가 없는 거지.

    교육청이 나서서 해줘야 되는데 너무 시간에다가 맡겨놓은 거 같애. 우리를 벼랑 끝으로 몬 거지. 시간에 쫓겨가지고, 쉽게 얘기하면 모 아니면 도 결정을 해가지고 니네가 빠지던가 아니면 욕을 얻어먹던가 해야 되는데, 솔직히 말해서 국회에 가서 하듯이 교실 가가지고 또 자리 깔고 누워 있어야 될지도 몰라, 어쩌면. 쟤네들이 물리적으로는 하지 않겠다고 했는데, 믿을 수가 없지, 그 말은. 어느 한 순간에 또, 애들은 뽑아났는데 저거 어떡할 거야. 외부에서 볼 때는 우리를 얼마나 욕하겠어. 외부에서 볼 때는 그럴 거 아니야. 진짜로 이기적인 사람들이라고, 돈도 받아먹고 이제는 학교까지 뺏을라고 그런다고 생각하는 사람들이 생길 거라고 분명.

면담자　　　지난주에도 토요일 날 한 200분 정도 오셨더라고요. 많이들 와보시면 좋을 것 같아요. 가보기 전에는 그 교실의 의미를 잘 모르니까, 사람들은 겉으로 보면….

호성 아빠　　　많지. 호성 엄마가, 전교조가 호성 엄마 되게 무서워하잖아, 전교조만 가서 "선생들 뭐 하냐"고, "당신네들이 좀 나서줘야지" [하니까](웃음).

8
호성이 어머니의 '변화'

면담자　　　아버님, 다른 거보다 어머니가 되게 활동적으로 하시고 말도 되게 잘하시고, 참여하는 어머니들 활동하는 거 보시면서 변화들을 좀 느끼세요?

호성 아빠　　　엄마들이 진짜, 이렇게까지 변할 줄 몰랐어. 재작년에, 14년도에 참사 일어났을 때 엄마들 모습과 지금의 엄마들 모습은 진짜 180도 틀려졌어[달라졌어].

면담자　　　　호성 엄마 특히 여장부 스타일?

호성 아빠　　응, 나도 놀랬어. 이 사람이 이런 면이 있나? 저번에 우스갯소리로 그러더라고. 간담회 가잖아? 가면 이제 사람이 숫자가 세어진대. 딱 보고, '아, 100명 안 되네' (웃으며) 그래서 "진짜로 사람 숫자가 보이냐?" 그랬더니 보인대. 그니까 이제 꾼이 다 된 거야. 그 정도면은 그렇잖아, 웬만한 사람들은 가면 시커매 가지고 아무것도 안 보이는데. 얘기해도 한 사람만 보고 얘기하잖아, 우리는. 서서 한 사람만 죽어라 쳐다보고 하는데(웃음).

면담자　　　　왜 한 사람만 보시는 거예요?

호성 아빠　　눈을 돌릴 수가 없으니까, 그것도 여유가 있어야지 이쪽도 보고 이쪽도 보고 이렇게 하는 거지, 그게 없으면 한 사람만 보고 얘기하게 된다고. 근데 이 사람은 사람들 숫자를 셀 정도면 꾼이 다 된 거지. 저번에 〈나쁜 나라〉[간담회 하러] 저기 종로, 종로3가 갔는데, 그날 끝나고 오면서 그러더라고, "아유, 100명도 안 되네. 한 2, 300명 돼야지 말할 맛나지", 우스갯소리로 그러더라고. 그 정도로 많이 변했어. 처음에는 금돌 할 때만 해도 콧물, 눈물 질질 흘려가면서 그랬는데 지금은 많이 나아졌지. 자기 하고 싶은 얘기 전달 많이 하고, 내려와서[는] "아이고 못 했네" 하지만은 많이 나아졌어, 그때에 비하면. 자기 생각 얘기하고 객석에서 올라오는 질문도 받아서 대답도 할 정도니까 많이 나아졌지.

　　아빠들이 바보가 됐지 뭐. 아빠들은 퇴보가 됐고, 완전 멍청이다 됐고, 엄마들이 [많이 변했어]. 내가 저번에 그랬잖아, 모계사회로 간다고. 아빠들이 되게 멍청해졌어. 나도 집사람한테 3년 전만에도 똑똑하단 소리 들었는데, 지금은 나보고 되게 멍청하대(웃음). 얘기하면 답답하대, 나보고. 자기 생각보다도, 수준보다도 못 간다는 거야, 내가. 자기는 세 수를 보는데 나는 두 수, 한 수밖에 못 본다 이거지. 그런 얘기를 하더라고. 확실히 사람은 여러 사람을 만나보고 대화도 해보고 그래야지 보는 시야도 넓어지고 그러니까 많이 좋아졌어.

면담자   처음엔 좀 당황하셨을 것 같아요, 어머님 변화나 이런 부분들이.

호성 아빠   놀래지. 처음에는 얘기하다 보면 내 말이 먹혔는데, 이제 내[가] 말하면 팅겨나와. 이제 지 말을, 지 생각을 나한테 주입을 시킬라고 그래. 그래 가지고 있다 보면 "맞어, 당신 말이 맞어" 끄떡끄떡하지. 내가 끄떡끄떡하지(웃음). 얘기하다 보면, 내가 생각지도 못했던 면을 얘기하는 거 보면 느끼잖아. 한 발 멀리서 떨어져서 보면 매번 얘기하는 게 틀려져[달라져]. 여유가 좀 생겼다 그럴까? 사람 얘기할 때 가끔 툭툭 농담도 한 번씩 던지면서 얘기하는 거 보면 많은 여유가 생겼고 지 나름대로 노하우가 많이 생겼어.

9
참사 이후 활동에 대한 소회와 향후 삶

면담자   아버님, 4·16TV에서 활동하실 때 카메라로 촬영하는 것도 처음이었잖아요?

호성 아빠   그렇죠. 저 카메라는 [처음이었지], 일반 카메라는 [써봤어도].

면담자   국회나 광화문 농성할 때 그냥 농성에 결합했던 거라 카메라를 들고 올라오는 걸 촬영할 때 느낌도 많이 달랐을 것 같은데요.

호성 아빠   그러잖아요. 일반[적으로 그냥 눈으로] 봤을 때 하고 렌즈 안으로 봤을 때 세상이 틀리다고[다르다고] 그러는데, 그걸 찍으면서 보는데, 특히 도보할 때 느낀 건데, 팽목에 먼저 도착해서 엄마들 고개 넘어와 가지고 걸어 들어오는 걸 찍었는데, 그때 좀 울었거든? 진짜 엄마들 대단하단 생각이 들더라고, 딱 들어오는데. 400킬로[미터]가 넘잖아. 그 400킬로 넘는 거리를 (울먹이며) 엄마들이 걸으면서 들어오는데, 그걸 찍는데, [왜] 눈물이 핑 도는지 모르겠더라고. '세월호 엄마들 대단하다. 모성애라는 게 진짜 대단한 거구나' 그걸 느꼈어. 그때 하면서 진짜로 우리 가족들, 특히 엄마들에 존경심이 생겼다고 그럴까?

4·16TV 하면서 그런 거 많이 느꼈어. 평상시였으면 몰랐을 거야, 아마. 그런데 차 타고 왔다 갔다 하면서 뒷모습 보고 하는데, 그 안에서 보는 엄마들이 웃고 떠드는데 그게 보이는 게 아니라 그 뒤에까지가 보이더라고, 렌즈로 그렇게 보니까. 그 얼굴 뒤에 뭐랄까? 분노? 이런 게 느낌이 오더라고, 그랬어(웃음). 팽목에서 보면 이렇게 고개가 있잖아. 고개에서 보이고 딱 내려오는데, 엄마들 대단했

어. (잠시 침묵) 한편으론 그런 생각이 들더라고, '나도 완주를 했어야 되는데. 완주를 했어야 되는데'. 그런 기회가 없잖아. 오천이 형도 지금 왕복 끝냈지만은 개인적으로 한다는 게 쉽지가 않은 거거든. 한편으로는 그 엄마들이 존경스러우면서 한편으로는 부러워, 그걸 했다는 그거에 대해서, 나는 그걸 못 했고 엄마들은 그걸 했다는 거에 대해서. 나 혼자 개인적으로 하긴 쉽지가 않잖아, 도보를 한다는 게.

그리고 호성이하고 꿈이 있었는데, 애하고 백두대간 종주하는 것도 꿈이었고, 대학생들 도보하잖아, 박카스 [국토대장정] 그런 것도 애하고 같이 한번 해보는 것도 아마 아빠들은 거의 다 아들내미들이랑 그런 거 한번 해보고 싶어 하는 사람 많을 거야. 걸으면서 대화도 나누고, 그런 꿈은 있었는데 날라갔지. 졸업했다고, 성인이라고 술도 같이 한잔하고…. "술친구 해드릴게요. 술친구 해드릴게요" 그랬는데. 이제는 애들한테 술 올려놔도 괜찮지, 졸업했으니까.

면담자　　　(웃으며) 졸업 안 해도 괜찮지 않을까요.

호성 아빠　　　담배는 몰라도 그치? 술은. 그래 가지고 1일 날 상 차리면서 팽목에서 "술을 올려야 되냐 말아야 되냐?" 그래서, 또 다른 부모들도 계시니까 "에이, 다음에 합시다" [했지].

면담자　　　그 전에 술 말고 주스 같은 걸? 아니면 밥만?

호성 아빠　　　떡국. 우리 엄마들이, 6반 엄마들이 각출해 가지고 몇 분이서 내려가서 여기서 작업하고 내려갔어. 그래 가지고 음식 장만했지.

호성 아빠 신창식

면담자　　　사진에 순범 어머니랑 호성 어머니 이렇게 하는 거 나오더라고요.

호성 아빠　　아, 봤어요? 고맙지, 가서 애들 상 차려주고.

면담자　　　지금 돌아봤을 때 좀 아쉬운 거? 지난 1년 8개월 동안 활동에서 아쉬웠던 거는 뭐가 있으셔요?

호성 아빠　　아쉬운 거? 특별법. 결과론적으로만 따지면 우리가 그 당시에는 최선을 다했어요. 우리가 더 이상 할 수 있었던 게 없었어. 아쉬움이라면 그때 만약에 진짜, 반쪽짜리가 아니라 우리가 원하는 대로 됐었으면 하는 그런 거. 요번에 청문회 하면서 그 한계를 느꼈잖아. 절실하게 느꼈잖아, 그 한계를. 수사권과 기소권이 없는 거는, 조사권만 있는 거는…. 뭐, 조사권도 반쪽 조사지 뭐. 가장 아쉬웠던 게 특별법이고, 우리가 원하는 그 특별법을 못 받아낸 게 가장 아쉽고….

　두 번째로 아쉬운 건 우리 가족들이 100프로 똘똘 뭉치지 못하고 2주기를 맞이한다는 거. 물론 시간이 지남으로써 이건 예상은 했었어, '어떻게 그 가족들이 다 갈 수 있겠냐?' 그런데도 '다른 게 아니고 내 새끼니까, 내 새끼니까 다른 데하고 틀리겠지', '대구[지하철 참사]나 삼풍[백화점 붕괴 사고]이나 그런 데같이 그러지는 않겠지'. 이렇게 자식을 잃고, 대형으로는 처음이잖아, 우리가. 광주도 물론 그렇지만은 다 큰 자식과 품 안에 자식은 틀리니까[다르니까]. 지금도 물론 하지만은 '우리 가족 전체가 좀 더 한마음 한뜻이었으면 지금보다는 좀 더 다른 쪽에 좀 더 결과가 있지 않았을까?' 그런 생각도 들고 그래. 그게 좀 많이 아쉬워. 이 두 가지라고 해두지.

면담자   세월호 이후에 살아가면서 가치관이라든지 생각의 변화가 있는 게 있으신지요?

호성 아빠   솔직히 아직까지는 모르겠어. 아직까지는 모르겠고, 좋은 쪽보다는 나쁜 쪽이 더 생겼다는 게 맞겠지. 의심도 더 많아졌고, 사람이 다가오면 '저 사람이 나한테 왜 다가올까?' 그런 것부터 생각이 되니까. 그 전에는 그런 게 없었거든. 그랬는데 '저 사람이 왜 나한테 친근하지?', '저 사람이 왜 나한테 말을 붙이지?' 그런 게 생기니까 더 안 좋게 변한다고 봐야지, 좋은 쪽보다는. 모르겠어. 어느 정도 결과가 나오고 그렇게 되면 틀려지겠지만[달라지겠지만] 지금 상태로서는 가치관이 바뀌고 그런 건 아직 모르겠어. 정리를 못하겠어, 아직.

면담자   앞으로 삶의 목표? 혹시 이런 게 있으세요?

호성 아빠   목표는 당연히 진상 규명이죠, 100프로지. 하나도 둘도 진상 규명이지(웃음).

면담자   엄마, 아빠들이 다 이렇게 대답하셔서…, 진상 규명이 된 다음에 목표가 있다면요?

호성 아빠   그렇지. 그렇게 물어봐야지(웃음).

면담자   그래도 혹시 다른 거 대답하시는 분도 있으실까 봐. 진상 규명이 된다면 그다음에 어떻게 살고 싶다는 게 있으세요?

호성 아빠   진상 규명이 되면 당연히 애들 한군데 모아놓고 그래야죠. 추모시설 해가지고 애들 한군데에다가 모아놓고 애들 이쁘게 꾸며줘야지. 그러고 나서는 다시 옛날로 돌아가기는 힘들 것 같애. 어차피 우리는 옛날로는 못 돌아가고, 이쪽 일을 계속해야겠지. 진상 규명이 진짜 100프로 밝혀진다면 모르겠지만, 지금 생각 같아서는 내가 죽을 때까지 아마 숙제로 남아 있을 것 같애. 그러기 때문에 결국은 이 생활이 계속될 거라고 봐. 세월호에서는, 내 생이 마감할 때까지 세월호하고는 떨어질래야 떨어질 수 없는 그런 인생이 될 것 같애.

면담자   아버님에게는 진상 규명이 어떤 의미인지 얘기를 해주세요.

호성 아빠   진상 규명? 딱 하나야. 정부가 '잘못했습니다' 그러면 되는 거야. 이 정부가 '진짜 우리가 잘못했습니다' 그 한 마디면 되는 거야. 그다음에 처벌, 책임자 처벌이고. 첫째는 그게 우선이라고, 일단은 이 정부가 잘못했다는 걸 시인하는 게 진상 규명 아니겠어?

면담자   지금은 그런 잘못에 대한 인정이라든지 사과 이런 게 없으니까.

호성 아빠   당연히 이 정부에선 할 수가 없지. 그걸 만약 시인하게 되면 이 정부 자체가 없어져 버리는 건데? 그러기 때문에 얘네들이 지금 죽으라고 모르쇠 하는 거 아니야? 지네들 존재하기 위해서, 지네들 살라고 그러는 거 아니야? 그건 다 알고 있잖아, 모르는 사람이 어딨어(웃음).

면담자   예, 그렇지요. 아버님, 오늘 마지막 날인데 증언 혹시 더 하고 싶은 얘기나 빠진 이야기가 있으세요?

호성 아빠   빠진 얘기 없어, 다 했어. 하여튼 고생하셨구요. 제가 너무 말을 이거 했다, 저거 했다 해가지고 정신없어 가지고(웃음).

면담자   아닙니다. 너무 말씀을 잘해주셨어요, 깊은 마음속의 이야기를 너무 잘해주셨어요. 긴 시간 어려운 말씀해 주셔서 감사합니다.

4회차

2019년 3월 25일

시작 인사말

면담자   본 구술증언은 4·16 참사에 대한 참여자들의 경험과 기억을 기록으로 남김으로써 이후 진상 규명 및 역사 기술에 기여하고자 합니다. 지금부터 신창식 씨의 증언을 시작하겠습니다. 오늘은 2019년 3월 25일이며, 장소는 안산시 단원구 4·16기억교실입니다. 면담자와 촬영자는 강재성입니다.

2

근황

면담자   지난 2016년 1월에 3차 구술을 하시고 시간이 많이 흐른 다음에 다시 구술을 한 번 더 진행하시게 되었어요, 아버님. 먼저 간단하게 요즘 어떻게 지내셨는지 근황을 좀 말씀해 주시겠어요?

호성 아빠   지금 이번에 제3기 가족협의회 그⋯ (면담자 : 집행부?) 예, 해가지고 거기에서 이번에 총회에서 감사직으로 선임이 다시 되어가지고 감사직을 맡고 지금 활동하고 있고, 특별하게 지금 뭐 활동하는 것은 특히 없어요. 없고, 광화문에 일 있고 그러면 올라가고 가끔 화요일마다 이제 확운위[가족협의회 확대 운영위원] 회의하면 참석하고 있고, 그러고 있습니다.

면담자   지난주 토요일 날이었나요? 그날 광화문에서 피케팅

하고 하셨다고 들었는데요. 어떠셨어요?

호성 아빠   그때 올라갔었고.

면담자   뭐 때문에 하는 피케팅이었죠?

호성 아빠   지금 그거죠, 특검. 특검 해가지고 [박근혜의] 7시간 [밝히라고] 하고[있는 거죠], 특검[하라고]. 그거 시행 구호로 지금 피케팅하고 있고요. 주제는 그거고, 그리고 이번에 행사도 있었고, 자유한국당 규탄대회도 있었고 그래 가지고 겸사겸사해 가지고 같이 올라갔죠. 가족들도 같이 올라갔죠.

면담자   특검 시행을 구호로 하시면, 예전의 특별법 시행 촉구하던 때하고 좀 달라진 건가요? 대통령의 7시간을 주제로 특검을 요구한다든지요?

호성 아빠   아니죠, 재수사죠, 재수사. 정확히 따지면 재수사를 원하는 거고, 아무래도 사참위[사회적참사특별조사위원회]가 출범은 했지만, 사참위는 아시겠지만 수사권, 기소권이 없잖아요. 그렇기 때문에 수사를 하려면은 아무래도 특검을 해야지 이 본질을 밝혀낼 수 있지, 특조위에서는 저번에 우리가 1기 특조위를 해봤지만 특조위 권한이라는 게 한계가 있기 때문에 쉽지가 않거든요, 그래 가지고 저희들이 그걸 이야기하는 거고. 그리고 이번에 또 이제 법원에서 기록물, 대통령 기록물 지금 30년 [공개 금지] 그게 밝혀졌고. 그래 판결이 났고, 그래 가지고 또 그거에 대한 반박, 그것도 있을 수 있고…. 그래 가지고 두 개죠 크게 나누면은, 재수사와 7시간 그거에 대한 자료 공개.

3
가족협의회 3기 집행부의 변화

면담자   네, 알겠습니다. 아마 특조위하고 선조위에 대한 내용
은 후에 상세하게 여쭤봐야 될 것 같고요. 아까 전에 가족협의회의
3기 집행부라고 하셨잖아요? (호성 아빠 : 네) 2기와 비교해서 어떻게
변화가 있었는지요?

호성 아빠   2기와 3기요?

면담자   네. 역할 맡으신 분들이 누가 어떻게 바뀌셨는지 등이요.

호성 아빠   3기가, 2기까지는 운영위원장 그리고 집행위원장 그
다음에 진상분과, 인양분과, 추모분과, 대외협력 그다음에 심리분과
이렇게 있었는데, 제3기에서는 지금 운영위원장님은 준형이 아버님
이 되셨고 집행위원장은 공석이에요. 공석으로 해놓고, 그다음에 인
양이 다 되었으니까 인양분과하고 진상분과하고 통합을 해가지고
통합을 했고, 그리고 대외협력, 추모, 그다음에 심리생계를 명칭을
좀 바꿨어요. 그래 가지고 조직…, 이제 그거로 해가지고 바꾸고. 옛
날에는 부서장이라고 그랬는데….

면담자   분과장이라고 했죠.

호성 아빠   아, 분과장이라고 했는데 부서장으로 바뀌었죠. 분과

에서 부서로 바뀐 거죠.

면담자   심리생계가 이름이 조직부서?

호성 아빠   네.

면담자   이름이 그냥 조직부서가 된 거예요?

호성 아빠   네 조직관리니까, 심리하고 같이 모여서 하는 거죠. 그런데 예전에 있던 거하고 크게 변한 게 없고, 어차피 심리라는 게 생계, 심리생계니까, 심리생계가 지금은 활동하시는 분이 계시고 안 하시고 있으니까, 집에 계신 분들은 끄집어내고 같이 [활동]하시자 고, 이번에 3기 출범하면서 좀 명칭을 바꿨죠.

면담자   그러면 진상분과장이셨던 준형 아버님이 운영위원장 으로 가시게 되었고, 그다음에….

호성 아빠   그다음에 인양분과장이었던 동수 아버님이 진상…, (면담자 : 진상 규명분과) 예. 진상이 이제 그쪽으로 합쳐지면서 자동 적으로 그쪽으로 가셨고, 그리고 나머지 추모나 이쪽은 겸임이 되었 고, 그다음에 대외협력이 바뀌었죠.

면담자   추모분과는 원래 호성 어머님이 분과장이셨나요?

호성 아빠   원래는 따로 계셨는데, 개인 사정으로 나가시면서 대 행체제로 갔다가, 팀장이 대행했다가, 이번에 부서장이 된 거죠.

면담자   아, 원래 호성 어머님이 팀장이셨군요?

호성 아빠   예. 공석이니까 부서장[팀장]이 분과장 대행을 한 거죠.

분과장 대행체제로 갔다가 공식적으로 이번에 부서장으로 된 거죠.

면담자   그다음에 대외협력분과장은 원래 경빈 어머님이셨는데, 이번에 다른 분이 맡으셨구요?

호성 아빠   네.

면담자   누가 맡으시지요?

호성 아빠   시연이 어머니. 시연이 어머니가 부서장으로 되시고, 그리고 이쪽 [심리생계부서장]은 똑같고.

면담자   심리생계분과는 재욱 어머님께서 그대로 하시고.

호성 아빠   네.

면담자   그러면 심리생계분과는 재욱 어머님이 그대로 하시지만 이름이 바뀐 거네요.

호성 아빠   2기하고 3기가 바뀐 것은 대외협력부만 바뀌고 나머지 분들은 그 인물 그분 그대로인데 약간 조직이나 부서[명] 그것만 바뀌었죠, 명칭만 바뀌고.

면담자   그러면 이제 원래 2기에서 오랫동안 하셨던 전명선 전 위원장님하고 유경근 전 위원장님은….

호성 아빠   이번에 빠지시고 이제 가족자문단…, 사참위에 가족자문단으로 경빈 어머니하고 세 분은 그쪽으로 들어가셨죠. 아무래도 이분들이 이제 1기 특조위나 선조위 활동하셨던 분이라, 쉽게 말하자면 고문이라고 해야 되나? 고문직 그런 비슷한 자문단으로 빠지서 가지고 계속적으로 활동은 하시죠. 임원직을 놔뒀다고 가족 일에서 빠진 게 아니고 그쪽으로 빠져가지고 서포트를 많이 해주시죠.

면담자   그동안 워낙 활동이 많으셨으니 좀 쉬셔야 되지 않을까요(웃음)?

호성 아빠   (웃으며) 근데 우리 상황이 지금 특조위가 막 시작하고 중요한 때라.

면담자   특조위에 또 힘을 실어주긴 해야 하니까요.

호성 아빠   그렇죠. 아무래도 또 물론 그동안 활동해 오면서, 4년 가까이 활동해 오면서 국회나 정부 쪽도 그쪽 분들이 많이 아시고 하니까 아무래도 그분들이 도움을 주시는 게 크죠.

면담자   그렇게 바뀐 거군요. 알겠습니다.

4
명예졸업식과 기억교실 존치 문제

면담자   최근에 아이들 명예졸업식이 있었는데요, 그때 참석하셨었나요?

호성 아빠   네.

면담자   졸업식 참석하시면서 좀 어떠셨어요?

호성 아빠   (한숨 쉬며) 갈등을 좀 많이 했어요, 참석해야 되나 말아야 되나…. 참석해야 되나 말아야 되나 했고, 그리고 뭐 아직까지 아무것도 밝혀진 것 없고 한 발도 못 나간 상태에서 졸업식을 한다는 것도 썩 내키지 않았고, 그리고 가장 컸던 거는 그 장소가…… 장소가 아시잖아요, 그 어떤 장소인지…. 그 강당이 맨 처음에 전원 구조 보도했던 그 장소라고요, 우리 아이들 전원 구조되었다고. 우리 4월 16일 날 아침에 우리 가족들 소식 듣고 다 모였는데 그 강당에서 전원 구조 소식이라고 학교에서 발표했던 그 장소예요. 그래 가지고 생각을 많이 했었어요. 호성 엄마하고, 애 엄마하고 가야 되나 말아야 되나 했는데, 또 졸업식을 하는데 또 참석 안 할 수도 없고, 그래 가지고 "참석하자" 하고 호성 엄마는 호성이 교복 입고 이번에 대리 졸업장을 받은 거죠. 애 엄마가 애 교복 입고 했어요. 그래 가지고 뭐랄까… 솔직히 아무 느낌이 없었어요. 거기서 뭐 분노라던가 애에 대한 서러움 그런 것도 없고 그냥 (잠시 침묵) 담담하더라고요(웃음).

면담자   저도 명예졸업식에 참석하면서 강당을 처음 가봤는데, 거기서 오보를 들으셨군요. 그 발표는 혹시 누가 했는지 기억나시나요?

호성 아빠   그때… 누군가 했었어요. 교무 주임인가 누군가 해가지고 그때 막 YTN하고 MBC하고 전원 구조 325명 전원 구조라 해갖고 오보 뜰 때 그 자리였어요. 거기서 그 소식을 듣고 이제 교육청하고 안산시에서 버스 대절해 준다고 해가지고, 버스 여섯 대인가? 나눠서 그때 타고 진도로 내려갔죠. 그때 생각하면 진짜 거기는 가고 싶지 않은데 또 장소가 거기밖에 없어 갖고, 졸업식 할 만한 장소가 없다 그래 가지고…, 그랬어요.

면담자   저도 명예졸업식 때 참석은 했지만은 그렇게 느끼시리라는 생각까지는 못했네요. 근데 졸업식 하는 것에 대해서 최근에 구술하신 다른 부모님들도 많이 갈등하셨다고 들었어요.

호성 아빠   맞아요.

면담자   혹시 졸업식은 어떻게 결정하게 되었나요?

호성 아빠   솔직히 그거에 대해서는 제가 지금 아는 게 없어요. 그래 가지고 아는 게 없고, 아는 게 없다기보다도 관심을 안 가졌어요, 이쪽에는. 그러니까 이쪽하고…, 사실은 저는 교실 이전하는 것에 대해서 반대쪽이었어요. 반대쪽이었고, "교실을 빼면 안 된다, 지키자"고 해가지고, 또 빼면 이런 공간이 과연 그렇게 다시 똑같이 복원한다는 자체에서 나는 의미가 없다고 봐요. 아이들이 뛰어놀고 숨쉬던 그 공간이 남아 있어야 되는 거지, 똑같이 지어놓고 거기라고 하면 그건 느낌이 없거든요. 그래서 저는 이제 여기 [4·16기억교실] 자주 안 오지만은 [기억교실로 이전한 후에는] 교실에 들어가도 그 느낌이 아닌 거예요. 생판 모르는 데 와갖고 그냥 호성이 책상만 달랑 갖다 놓고 있지, 전혀 그런 (가슴을 치며) 마음으로 와닿는 그런 게 없어요. 그래 가지고 (한숨 쉬며) 그다음부터는 교실 문제에서, 학교 문제에 대해서 좀 관심을 끊게 되었죠. 그래서 그때 좀 많이 상처를 받아가지고, 이래 가지고 그러면 "책상[을] 집으로 가져가겠다" 그러니 그건 또 안 된다고 하더라고요. 교육청 물건이라 (웃으며) 가져갈 수 없다고 그러더라구요.

면담자   관리 문제가 아니고 교육청 소유 재산이라고?

호성 아빠   학교 재산이라 가져갈 수 없다고 하더라고요. 그래서, '그래' [하고, 그런 식인 거구나 생각했죠]. 그때부터 저기 하니까 신경을 접었죠, 그리고 할 일도 많았었고. 또 그때 계속 그때는 인양 문제도 있고 그러니까 여기에 정신 쓸, 신경 쓸만한 여유가 없었어요.

면담자   안 그래도 원래 아버님께 여쭤보려고 했던 게 기억교실 존치 문제부터 여쭤보려고 했었는데 마침 이야기를 해주셨네요. 2016년에 기억교실 존치 문제가 터졌을 때 어머님들께서 교실 지킨다고 교실 와서 주무시고 하셨죠.

호성 아빠   (면담 자료를 보며) 그때 여기 보니까 5월 달이던데, 16년 5월인데 그때 제가 동거차도에 있었어요. 동거차도에 있었는데 어머니들은 학교에 있고 거기서 농성하신다는 소리를 듣고 있다가, 그날인가 그다음 날인가 아마 폭행 사건이 일어났을 거예요, [재학생 부모들이] 어머님들[을] 폭행[한] 사건이. 그래 가지고 순범 엄마하고 있어 가지고 그래 가지고 그때 아마 수요일인가 아마 동거차도에 있는 아버님들하고 올라왔어요. 여기 농성할 때 참석하느라고 그때 올라와 가지고….

면담자   동거차도 계시다가 그때 부랴부랴 올라오셨네요. 그때 폭행 사건이 일반 재학생 부모님들과 유가족 부모님들 사이에서 있었던 거죠?

호성 아빠   네, 책상 그때 그거 때문에, [책걸상] 빼는 것 때문에 아마 폭행 사건이 일어나 가지고 어머님 두 분이 아마 다치셨을 거예요. 그래서 그 소식 듣고 아유, 못 있겠더라고. 그래서 동거차도에서 한 분 놔두고 준형이 아버님하고 둘이 올라왔지. 그때 거기서 이틀, 같이 엄마들하고 같이하고 그러고….

면담자   그때 올라오시니까 단원고 상황이 어땠었나요?

호성 아빠   그야 오니까 어머님들 1층에서 자리 피고 앉아 계시고….

면담자   입구 로비 있는 데서요?

호성 아빠   네, 그랬지 뭐. 와서 보니까, 엄마들 얘기 들어보니까 이렇게 이렇게 됐다고 하더라고. 거기서 할 수 있는 게 뭐가 있어, 같이 엄마들하고 같이 있어주고 그거 하는 거고. 그리고 그때도 이재정 교육감이 왔었어요. 교육감 와서 하는 얘기가 더 화나게 만들었고…. 그때 와서 하는 말이 자기는 진보 교육감이 아니라고(웃음).

면담자   그게 그때 나온 말이었군요?

호성 아빠   그때 그게 나온 거야. 근데 그 얘기를 또 사람들이 안 믿어요. 그 사람이 그렇게 얘기할 사람이 아니라는 거야, 우리는 들었는데. 그러면서 얘기를 하는데, 그 전에 애들[이] 제적[된] 상황도 있고, 그리고 그런 일도 있고 그래 가지고…, 나는 이쪽으로는 착 귀를 접었어요. 아예 생각을 안 했죠.

면담자   이재정 교육감이 뭐라고 얘기하면서 자기는 진보 교육감이 아니라고 했나요?

호성 아빠   그때 이제 얘기하면서, 약속하면서 자기네 "1년 후 하고 나서 이거 빼기로 했다" 그런 거 얘기하고, 착 얘기하다가' "다른 분도 아니고 진보 교육감으로 나와가지고 어떻게 이거는 해주셔야 되는 거 아니냐" 했더니 그 자리에서 자기는 "진보 아니다. 진보 교육감 아니다" 그 얘기를 하는 거야(웃음).

면담자   이건 진보고 보수고 간에 당연히 아이들 위해서 판단해야 할 문제였을 텐데요.

호성 아빠   그렇죠. 그게 되게 부담이 갔었나 보지 뭐, 본인한테는.

면담자   이재정 교육감이나 교육청에서 좀 더 적극적으로 나왔으면 충분히 지킬 수 있는 상황이었다고 판단하셨나요?

호성 아빠   물론 나름대로 그쪽에서도 그런 건 있을 거예요. 아마 물론 또 이 학교가 한 학년만 있는 게 아니고, 우리 아이[들]만 있는 게 아니고 후배들도 있고 하니까 분명히 입학하면 교실이 분명히 부족할 거고, 현실적으로 분명 그건 알죠. 그걸 알면서도 우리 가족들은, 저희가 2015년도에 안산시교육청, 저희 유가족이랑 전문가 이렇게 합쳐가지고 TF를 꾸린 적이 있을 거예요. 그때 회의하면서 저희들이 가족안을 내놓은 게 있었다고, 내용을 아실지 모르겠지만 그 [운동장] 건너편에 [새로운 교사 증축]해 가지고….

면담자   운동장 건너편에다가 새로운 건물을 지어서 교실을 더 증축을 해가지고….

호성 아빠   그래 가지고 이제 기존에 [재학생] 아이들하고 같이 겹
치면 안 되니까, 교육하는 데 수업하는 데 방해가 되니까 엇갈리지
않게, 부딪히지 않게끔 밖으로 길을 내가지고 우리 애들 기억교실은
밖에서 들어갈 수 있게끔 학교로 안 들어가고, 그러면 서로 아이들
하고 [방문객들이] 부딪힐 일 없잖아요. 그러면 교육하는 데 수업하는
데 방해도 안 주고 그래 가지고…. 그리고 전문가들이 그때 얘기를
들어보니까 학교 건물은 [다른 건축물들하고는] 달리 안에 내부 공사
같은 게 필요가 없기 때문에 금방 짓는다고 하더라고요. 충분히 그
걸 해가지고 그때 공사를 하면은 신입생 받는 데 아무 지장이 없다
고 그렇게 우리 가족안을 내놓았었다고 [하더라고요]. 그런데 그게 결
국 받아들여지지 못했죠.

면담자   그래서 아버님은 그 이후에 교실 문제에 대해서는 더
생각을 하고 싶지 않았던 거네요.

호성 아빠   교실 문제는, 생각을…….

면담자   그러면 임시 이전한 여기 기억교실은 잘 안 와보셨겠
어요?

호성 아빠   네, 교실을 뺄 때도 그때 안 갔어요. 안 가고 호성이
[책상] 위에 있는 물건만 딱 치워갖고 집으로 갖고 왔죠.

면담자   그러면 여기 기억교실에 있는 호성이 물건은 책상밖
에 없는 거네요?

호성 아빠   네, 책상밖에 없어요. 그 나머지 그 위에 있는 거는 활

호성 아빠 신창식

동가님이, 광화문 활동가님 정찬민 선생님이 판화 만들어주고 그거 하나 딸랑 있죠. 물건 있던 거는 집에 책상에 다 갖다 놨어요.

면담자   집에 가져가신 호성이 물건이 무엇이 있나요?

호성 아빠   물건 별거 없어요.

면담자   책이나 이런 거?

호성 아빠   그런 거, 초창기에 있던 거. 특별나게 가져온 거 없고 그동안에 엄마들이 해놓은 꽃 같은 거 그런 거, 그리고 이제 일반 시민들이 써준 편지라던가 그런 건 집에 갖다 놨죠.

5
박근혜 퇴진 촛불집회에 대한 생각

면담자   아마 2016년 당시 기억교실을 지키는 데 실패한 때부터 최순실 게이트가 터지는 그사이 시점이 부모님들께는 투쟁 동력도 떨어져 있던 상태이고 국민적 관심도 좀 떨어져 있던 상태여서 답답하셨던 것 같아요.

호성 아빠   사실 저는 2016년도는 거의 동거차도 있었다고 봐야죠. 교대로 왔다 갔다 하면서 동거차도에 제가 좀 우리 가족들 중에는 자주 내려간 편이라, 어떨 때는 보름씩 있었고 했으니까 위쪽 상황은 별로 신경 쓸 여유가 없었어요. 동거차도에 한창 인양 준비할 시기라, (면담 자료를 보며) 그래 가지고 2016년 이렇게 보니까 특이

하게 이렇게 기억나는 게 없어(웃음).

면담자   계속 동거차도에 계셔서.

호성 아빠   네.

면담자   아버님께서는 인양된 후에도 목포에 계셨잖아요? 그러면 아버님께는 질문 순서를 바꿔서 먼저 탄핵 국면에 대한 얘기를 간단하게 여쭙고, 그다음에 세월호 인양 감시부터 인양까지 과정을 한 번에 쭉 듣는 게 더 좋을 것 같아요.

호성 아빠   네.

면담자   최순실 게이트 터졌을 때 그 소식은 어떻게 들으셨어요? 그때도 동거차도에 계셨나요?

호성 아빠   아마 그렇겠죠? 어차피 뭐 동거차도 아니면 안산에서 그 소식은 들었겠죠.

면담자   그리고 JTBC 보도로 나오고 난 다음에 한 달 정도 기간 동안 하루하루 새로운 사실들이 등장하고 했었는데 아버님은 어떤 느낌이 드셨나요?

호성 아빠   근데 그때 우리 국민들이 광화문에서 촛불 들면서 우리가 외쳤던 구호가 있잖아요. 피케팅했던 구호가 '이게 나라냐', 한마디로 요약해서 이거죠 '이게 나라냐'. '진짜 대한민국이라는 나라가 어떻게, 버젓이 입법부, 사법부도 있고 국회도 있고 다 있는데 어떻게 아줌마 하나가 국정농단을 할 수 있을까? 이게 가능한 일인가?' 사실은 들으면서도 '야 설마…, 박근혜가 아무리 그렇다고 치지만

은…, 설마 저렇게까지 할 수가 있는 건가?' 진짜 들으면서도 좀 그
랬지. '아무리 정신 줄 놓은 여자라 하지만 어떻게 그 옆에 참모진들
이 있고 했는데 어떻게 저렇게 가능한 건가?' 반신반의했어요, 사실.
근데 이제 점점점 사실로 드러나고 보도되면서 화가 많이 났고, (한
숨 쉬며) 그러니까 '저런 인간이 있었으니 우리 아이들이 이리 되었
지' [하는 생각이 들더라고요]. 그러면서 이제 공양설도 있고 그랬잖아
요. 그런 소리 듣고 그러니 더 화가 나고 그랬지. 치가 떨렸지 사실.

면담자   좀 허탈하시거나 그랬을 것 같아요.

호성 아빠   맞아요. 참, 말만 대통령이지 실제로는 한 게 아무것
도 없는 허수아비한테 가서 우리가 그동안 매달리고 소리 지르고 했
던 거잖아요. 그러니까 야, 이건 배신감도 아니고 이건 뭐라 그럴까?
나중에는 개가 아니라 내 자신이 멍청해 보이더라구요. 저런 인간들
한테 우리 그거를 맡겨놓고 부탁하고 그걸 한 우리 가족들, 내 자신
이 참…, 한심하고 비참하더라고요.

면담자   부모님들께서 2014년 투쟁하시면서 특히 청운동에 있
었을 때는 청와대에 조금이라도 가까이 가시려는 간절한 마음이었
는데, 이게 '가봤자 였구나' 싶으셨을 것 같아요.

호성 아빠   (웃음 후 한숨 쉬며) 그래 가지고 그때 호성 엄마도 청
운동에 있었거든요. 그래 가지고 저도 거기서 있었는데, 참…, 지금
생각해 보면 참 (웃으며) 그렇게 하면서 아무 생각 없이 도대체…. 그
것도 그거지만은 진짜로 정치, 대한민국의 정치에 대해서 되게 회의
감을 느꼈어요. 진짜로, 진짜 이 나라가 싫어지더라고, 진짜 싫고.

보면은 옛날에 올림픽에서 메달 딴 여자분 이민 갔잖아, 팔십몇 년도에 금메달 딴 그분.

면담자　　　씨랜드 참사 때 아들을 잃고 훈장 반납한 후 이민 가신 분이 계셨죠, 필드하키 국가대표선수 김순덕 씨라고.

호성 아빠　　　그래 가지고 이민 갔잖아요. 그래서 그 사람이 이해가 가더라고. '진짜 이 나라 희망이 없는 나라다, 진짜' 그러면서 있다가, 그나마 그래도 10월 말서부터 촛불 들어가지고 좀 탄핵은 됐지만은, 약간 그때 약간 힘 좀 얻었지. '아, 아직까지는 그래도 국민들은 살아 있구나. 아직도 깨어 있는 국민들이 많구나' 그런 생각 많이 하고 힘 얻었고….

면담자　　　촛불집회는 아버님도 많이 참석하셨나요?

호성 아빠　　　저는 촛불집회 1회부터 참석했어요. 그때 맨 처음에 1회 때 나갔고, 그렇다고 22번인가 23번인가 계속 나간 건 아니고…. 1회 때 청계광장에서 할 때 그때 한 만 명 정도 모였었나? 오천 명에서 만 명 정도 모였었는데 그때 이제 참석하고 그다음부터는 안산에 있을 때마다 올라갔었죠. 올라갔었고, 꾸준하게 올라갔었는데요, 뭐 그때야 뭐 [온 국민이 참가했을 때니까]. 저는 이제 지금 내 얘기가 너무 멀리 뛰는지 모르겠지마는, 헌재에서 그거 할 때 이정미[헌법재판소장] 그분이 할 때 (면담자 : 탄핵 선고할 때요?) 네, 3월 10일날 발표할 때, "박근혜 탄핵" 딱 할 때 국민들은 만세 삼창하고 막 했잖아요. 그때 우리는 울었거든…, 우리 가족들은. 우리 가족들은 거의 다 울었을 거예요. 근데 그 울음이 박근혜가 탄핵이 되어서 기쁨의 눈물이 아니라, 결국에 헌재에서도 우리는 인정 못 받았거든. 근데 그게 그렇게 속상하더라.

면담자　　　그때 헌재의 판결문에서 (호성 아빠 : 소수의견으로만 나왔죠) 소수의견만 나왔었고, 그게 '박근혜가 잘못한 것은 맞지만 탄핵의 사유는 될 수 없다'라고 했었죠.

호성 아빠　　결국 헌재에서도 이 참사에 대한, 이 학살에 대한 그걸 인정 못 받았잖아요. 그래 가지고 그거에 대한 그게 컸어요. 그래 가지고 저 개인적으로도 많이 울었는데, 또 예은 아빠도 연설하면서 많이 울었고, 그러는데… 그때 진짜 많이 속상했어요. 많이 속상했고 하는데, 시민들 국민들은 만세 삼창하고 포옹하고 그러는데 거기서도 뭐라 그럴까, 또 우리 가족들만 고립되는 것 같은 고립감을 느꼈고…. 내려오면서 많이 마음이 무겁더라고, 착잡하더라고.

면담자　　　아버님도 그때 헌재에 계셨었나요?

호성 아빠　　올라갔었죠. 거기 있었죠.

면담자　　　저도 그때 세월호 참사에 대한 책임이 인용되지 않은 게 너무 아쉽더라고요. 조금 이야기를 바꾸어서요, 아버님께서도 청계광장에서 1회 촛불집회 때 계셨고 정기적이지는 않지만 여러 차례 촛불집회 가셨는데, 회차를 거듭하면서 점점 시민분들의 숫자가 불어났잖아요. 그런 것들 보시면서는 어떤 느낌을 받으셨어요?

호성 아빠　　하면서 이제 3회, 4회까지는 별로 그렇게 많지는 않았어요. 많지는 않았고, 12월 달 되면서 이제 그렇게 좀 많이들 참석하셨는데, 보면서 참석하면서 어느 때부터 아이들이 교복을 입고 많이 들 참석하더라고. 중고등학생들이 교복 입은 아이들이 보이기 시작하는 거야. 그러면서 젊은 부모님들이 애들 안고, 목마 태우고 와서 참석하고, 추운 날에도 하면서, '야 이거는 국민들이 뭔가를 이제 아는구나. 물론 국정농단에 대해서 세월호가 전부는 아니지만은 국민들이 뭔가 하고, 움직여 주면은 특히 정치하는 정치인들이 생각이 많이 바뀌겠다. 그러면 우리 일도 좀 쉽게 갈 수 있지 않을까? 진실 규명 하는 데 좀 더 근접하지 않을까?' [하고] 되게 희망적으로 생각을 했죠. 감사했고, 너무 고맙지. 그리고 우리가 하면서 항상 앞에 섰잖아요. 앞에 서고, 청와대 올라갈 때도 우리가 맨 앞에 서고 얘기해 주고…. 그때 진상 규명을 국민들이 소리쳐 줄 때 너무 감사하고, 진짜로 너무 감사했지.

면담자   사실 저는 조금 못된 생각이 들었었는데요. 부모님들께서는 2014년부터 계속 '이게 나라냐' 하면서 줄기차게 투쟁하셨고, 또 2015년에는 백남기 농민 사망 사건도 있었고, 부모님들은 1주기 때 광화문에서 고립되시기도 하면서 정말 볼꼴 못 볼꼴 다 보시면서 가열찬 투쟁을 하셨잖아요. 근데 그때의 시민들의 참여와 국정농단 사태 때문에 촛불집회가 시작했을 때의 시민들의 참여가 비교되더라고요. '왜 부모님들이 광화문에서 고립되었을 때에는 제대로 못 도와주다가 이제야 이렇게 시민들이 나타났을까? 진작에 좀 나와주지' 이렇게 저는 그런 못된 생각도 들었어요(웃음). 혹시 아버님께서는 어떠셨나요?

호성 아빠 저번 인터뷰 때도 얘기했지만은 저였어도 이런 진짜 황당한 아이들 참사가 일어나기 전까지도 저 역시도 움직이지 않았거든. 그 소식을 듣고, 우리 참사가 일어나기 한 달 전인가 경주 리조트[마우나오션리조트 붕괴 사고] 대학생 애들 그때 무너졌을 때도 그때도 마음으로만 안타깝고 했지, 그때 그거에 대해서 '이 정부의 안전대책이 위험하다, 소홀하다' 그거에 대해서는 나와서 나도 뭐 활동한 게 없고…. 그리고 그 전에 뭔가 내가 한 게 없는데, 단지 마음속으로만 '안타깝다, 어떡하냐' 그 정도 수준이었거든. 근데 그렇게 했기 때문에 요구를 하면서도 [내 지난날을 생각하면 시민들이 덜 움직인 게 충분히 이해가 되었지요]. 많이 속상했지, 안 속상했다면 거짓말이지. 거짓말이고, 우리가 7월 달부터 2014년 7월 달부터 전국적으로 돌아다니면서 서명받고 그럴 때 '이거 서명하는 게 진짜 어려운 것 아닌데 가시면서 그냥 이름하고 동네만 적어주시면 되는데 이것도 참석을 안 해줄까?' 서운하게 생각했지만은, 돌이켜서 보면 나도 마찬가지였거든.

그런데 이제 그런 생각이 요번 최순실 게이트로 국민들 의식이 전환된다는 게, 그게 더…, 바뀐다고 보면 결국은 그 혜택을 받을 사람이 우리 아이들이잖아. 그리고 우리가 진상 규명하고 책임자 처벌을 하고 안전사회를 만들려고 하는 이유가 뭐냐 하면은 우리 아이들 동생들 [때문]이거든. 동생들이 좀 더 안전한 조건에서, 환경에서 공부하고 생활하고 그래야지 우리 아이가 가고 또 우리가 그동안에 힘들게 싸워온 [것에 대한] 조금이나마 그런 이유가 되기 때문에, 되게 감사했어요. 늦게나마, 늦은 건 아니지, 그래도 국민이 이렇게 하고 그다음이 비폭력으로 그렇게 대통령을 끄집어 내릴 수 있었다는 것은 국민들 이제 생각이, 의식이 많이 바뀌었다고 생각을 하고…. 이제 좀 걱정스러운 것은 뭐냐면 그렇게 꾸준히 가야 되는데, '좀 했다가 너무 식고 갑자기 그런 게 아닌가' 그게 좀 걱정스럽죠. 지속적으로 정부에 대해서 감시를 하고, 특히 정치인들에 대해서 내 지역구 정치하는 거에 대해서 관심을 갖고 해야 되는데, 우리나라 사람들 보면 정치에는 별로 관심들이 없잖아. 먹고살기 바빠서 그런지 몰라도, 나부터도 그랬고. 그런데 그러면 안 되는 거거든, 좀 더 내 지역에 관심 갖고 그래야 하는데. 요즘 젊은 친구들이 똑똑하니까 점점 나아지겠죠.

면담자 촛불의 힘으로 문재인 정권이 들어섰다고 해도 과언이 아닌데, 사실 그 촛불의 맨 앞에는 항상 세월호 부모님들이 계셨죠. 그렇지만은 문재인 정권 들어서도 부모님들의 상황들이 그렇게 좋게 돌아가진 않잖아요.

호성 아빠 네, 맞아요.

면담자 미진한 점들이 많이 있다고 보이는데 이런 것은 좀 이따가 인양 이야기 이후에 좀 더 자세하게 여쭤보도록 하겠습니다. 근데 어쨌든 아버님께서, 부모님들께서 저보다는 훨씬 넓은 마음을 가지신 것 같아요.

호성 아빠 (한숨 쉬며) 아니, 그렇지 않아요. 그런데 그런 게 있더라고. (잠시 침묵) 저희들이 말하기가 되게 조심스러워요, 되게 조심스럽고 특히 정권이 바뀌고 나서부터 좀 더 조심스럽고…. 그때는 박근혜 정부 이때는 그래도 우리가 좀 더 편하게 얘기할 수가 있었던 상황이고, 지금은 좀 많이 저희들 나름대로 많이 검열하죠, 얘기 수위를. 그럴 수밖에 없는 게 뭐냐면은 좀 그런 게 있어요. 많은 공격이 들어올 수도 있기 때문에 조심스럽고 그렇기 때문에…, 우스갯소리로 그런 소리 많이 하지. "싸우기는 그때가 더 좋았다"고(웃음).

면담자　　　　　그런데 어떤 공격이 들어오는 것을 걱정하시는 거예요?

호성 아빠　　　　대체적으로는 그런 말이 가장 많아요. 지금 듣는 말이 정권이 들어오고 2년이 되었는데 햇수로는 3년차인데 많은 시민들이 그렇게 생각하시더라고. 정권이 바뀌고 문재인 대통령이 대통령 되시기 전에 하셨던 약속했던 말들이 있어 가지고 "이 정부 바뀌어서 많이 다 해주지 않았냐. 다 해주지 않았냐, 너네 지금 요구하는 거 특검도 해주고 뭐도 해주고 선체 인양도 해주고 다 해주지 않았냐. 그리고 너네들 보상도 받고 다 해준 건데, 왜 그러냐?" 그리고 거기서 좀 더 얘기하면은 "진상 규명이 되어서도 바뀌는 거 하나도 없다", "좀 더 기다려봐라, 믿어봐라. 그게 어떻게 바로 그렇게 되냐. 좀 기다려봐라". 근데 기다려보라고 얘기 많이 하시는데, 그런데 거기서 그렇다고 우리가 또 지금 문 정부를 깔 수도 없는 입장이잖아. 그때하고 지금하고는 상황이 틀리잖아. 그런 시각을 갖고 있는 국민들이 많단 말야. 그런 상태에서 대놓고 그냥 탁 [비판]해버리면은 우리가 그렇더라고.

그리고 지금 봐서 알겠지만, 이번에 용균이 사고[태안화력발전소 김용균 사망사건] 나서 댓글 달리는 거 봐봐. 엄청 무섭게 달린다고.

지금 박근혜 때보다 더 심하게 달려요. 지금 댓글이 무지막지하게 달린다고(웃음). 그래 가지고 좀 많이 조심스럽지, 우리가. 어머님이 상처를 되게 많이 받았을 것 같아. 용균이 사망 소식을 듣고 내려가서 장례식장에서 봤거든. 호성 엄마하고 내려가서 직접 찾아뵙고 말씀드렸는데 그때 어머니한테, 아버지하고 어머님한테 그때 말씀드렸어. "무척 힘드실 거다. 그래도 우리는 250명이나 우리 아이들이 있었고, 우리는 그나마 좀 인원수가 있어 가지고 서로 우리가 의지를 하고 할 수 있었는데 어머니는 혼자 싸우실라면 되게 외로운 싸움이고 되게 힘드실 거다. 공격도 많이 들어올 거고 힘드실 건데, 용균이 하나만 보고 가서라"고 그렇게 말씀을 드렸지. 또 어머니가 너무 또 잘하셨고, 잘 대응을 하셨고…. 그때 뵈었는데 그동안 우리가 겪었던 일이 어머니를 보니까 생각이 나는 거야. '어머님은 어떤 어떤 일을 당할 테고, 또 어떤 댓글이 달릴 거고', '또 애 갖고 장사한다, 정치할거냐'고 뭐 이런 거. 그런데 생각했던 대로 그대로 댓글이 달려, 뻔해. 그 댓글 다는 애들 수준이 거기밖에 안 되는 애들이라 똑같은, 우리하고 프레임이 똑같애. 했던 대로 똑같이 하더라고(한숨). 그래도 어머니가 잘 버티셨고 잘하셨어. 잘 싸우셨어, 앞으로 계속 또 싸움을 하시겠지마는.

면담자   김용균법 법안이 발의됐지만 그래도 아직은 갈 길이 멀죠.

호성 아빠   멀지, 이제 한 발 뗀 거야, 거기가. 그래도 [장애물이 나타나면 또] 넘어 뛸 거고….

면담자   이미 먼저 겪어보신 분으로서 똑같은 것을 겪으시게 될 부모님을 보게 되는 것도 참 마음이 되게 착잡하셨겠어요.

호성 아빠   (한숨 쉬며) 용균이도 그렇고, 제주도 고3 민호[제주도 현장실습고등학생 사망사고]도 그렇고, 지하철[구의역 스크린도어 사망사고]도 마찬가지고…. 그러니까 그런 거야, 그렇게 우리가 [투쟁]하고 해도 바뀌는 게 없어. 사람들 인식이 안전에 대해서만큼은 진짜로 여야가 없고 보수 진보가 없고 해야 되는데, 너무 그거에 대해서는 안이하게 생각하는 것 같아. 결국은 요번에 또 용균이 때도 많이 나왔지만, 첫째 너무 약해, 처벌이. 사고에 대한 처벌이 너무 약하고, 어떻게 생각하면 벌금 한 번 내는 게 훨씬 낫고.

용균이 이번에 [조사]할 때도, 용균이 [사건] 전에도 3억을 들이면은 컨테이너를 개선을 할 수 있었다고. 결국 그 3억 원 아끼려고 그렇게 된 거라고, 30억도 아니고 3억 갖고. 그리고 용균이 어머님은 아이를 직접 봤대, 사고 현장에 가서가지고 아이를 상태를. 애가 이제 허리가 잘려져 나갔고 머리가 잘려 나갔고 그걸 본 거야. 그러니까 어머님은 오죽하시겠어. 우리도 아이들 보기 힘들었는데, 그분은 더 하시지. 그러면서 (한숨 쉬며) [조문]하고 나오는 데, 올라오는데 (한숨 쉬며) '어머님, 아버님 잘 버티셔야 되는데 잘 버티셔야 하는데' [하는 생각이 들더라고]. 용케 주위에서 많이들 도와주서 가지고….

면담자   네. 잠깐 쉬었다가 세월호 인양 시점으로 넘어가겠습니다.

(잠시 중단)

세월호 인양 감시 활동

면담자   동거차도에서 세월호 인양을 감시하시던 그때로 시점을 돌려서 여쭤보려고 합니다. 동거차도 처음 내려가신 것은 언제셨어요? 2015년 9월에 감시를 시작할 때부터 바로 내려가셨나요?

호성 아빠   네, 9월…. 아마 제가 9월 10일쯤 내려갔을 거예요, 9월 10일쯤에.

면담자   감시 초소를 설치할 장소를 찾고 설치하는 과정에도 참여하셨나요?

호성 아빠   우리가 내려갈 때는 [가족협의회] 사무처에서 그때 결정을 내려가지고 선발대가 먼저 내려가서 입지도 보고 [한 이후였어요]. 그리고 아무래도 그 장소가 참사 터졌을 때 KBS가 방송했던 장소에 [쳐두었던] 천막이에요. 천막은 없[어졌]고 파이프를 세워놓은 게 있어 가지고 우리가 이제 사무처하고 아빠 몇 분이 내려가서 가지고 일차적으로 거기에다가 머무를 수 있는 천막을 쳤죠. 그래 가지고 내려갔으니 실제로 내려간 것은 8월 29일부터 내려갔을 거예요. 공식적으로 우리가 동거차도에 내려간 건 8월 29일부터 해가지고 거기서 텐트 다 쳐놓고 올라오고 했으니까…. 저는 9월 10일쯤 내려갔죠.

면담자   아버님은 인양 감시하시기 전에는 동거차도에 가보신 적이 있으셨나요?

호성 아빠   없죠, 동거차도는 안 가봤고…. 그때 이제 4월 16일 날 저녁에 진도 내려갔잖아요. 팽목에 내려갔을 때, 그때 11시쯤인가 맨 처음에 우리 사고 해역에 들어가려 하는데 못 들어갔어요. 못 들어가고 낚시 배를 이용해 타고 들어가려 하니 낚시 배도 못 얻고, 그래 가지고 있다가 11시인가 아마 해가지고 가족분들 중에서 일차적으로 20명인가 들어갔어요. 그때 껴서 처음에 사고 해역 들어갔었죠.

면담자   그때는 근처에 가서도 깜깜하니 동거차도고 뭐고 전혀 눈에 안 들어오셨겠네요.

호성 아빠   그렇죠, 눈에 안 들어오죠. 배밖에 안 보이는 거죠.

면담자   처음 동거차도에 내려가서 인양 감시하는 장소에 올라갔을 때 첫 느낌이 어떠셨었어요?

호성 아빠   처음에 딱 올라갔을 때?

면담자   네, 맨 처음에.

호성 아빠   '너무 가깝다. 너무 가깝다'. 그걸 보니까 더 화가 나는 거예요. 아마 우리 대다수의 국민들은 사고 해역이 망망대해인 줄 알 거예요. 물론 그때도, 모르겠어요, 그게 연출된 건지 아니면은 [우연히] 그런지 모르겠지마는 방송국 카메라 앵글도 그렇게 잡았고 섬은 안 비쳤거든. 배만 계속 비쳐줬거든요, 망망대해같이(한숨). 그런데 올라가서 보니까 [침몰 장소가] 진짜 바로 앞이에요. 이게 [동거차도에서] 1.6킬로, 1.4킬로 된다고 하는데 위에서 보니까 더 가깝지, 부표가 시야에 보일 정도니까. 화가 많이 올라오더라고요, 욕부터 나오더라고요. '진짜 애들 뛰어만 내렸으면은, 탈출하라고만 했으면은 우리 아이들 다 살았을 텐데…' 그 생각이 드니까 막 화가 나서 못 참겠더라고. 그게 가장 힘들었어요. 사고 해역 보면서, 진짜로 스텔라데이지호같이 브라질에서 몇천 킬로 떨어진 태평양 한가운데라면 그렇다 치지만….

동거차도에서 우리가 진실호를 구입을 했잖아요. 진실호를 끌고 나가면 10분도 안 걸려요. 아주 가까운 거예요. 그 주위에 섬도 많고, 조도부터 시작해서 대마도 이런 식으로 이쪽 분들이 그리고 어민분들이 그때 배도 많이 끌고 나오셨기 때문에 뛰어만 내렸으면 다 살았다고. 그거 때문에 더 우리가 화가 나고 더 '우리가 이렇게 싸워야 되겠다. 진상 규명을 해야 되겠다'는 이유가 그거예요. 다 살 수 있었어요, 진짜. 개중에 이제 몇 사람은 [못 구]할 수 있었겠지만 나는 거의 다 살았다고 봐요, 뛰어만 내렸으면은. 그래 가지고 화가 나고…. 그리고 시간이 충분했었거든, 뛰어만 내렸으면 아이들 건져낼 시간 충분했었는데 못 했다는 게 아무래도…, 이건 진짜 뭔가 있지 않은 이상은 받아들이기 힘들죠.

면담자 침몰 당시에도 동거차도 주민들이 사용하는 미역 양식장 그물이 근처에 있었죠?

호성 아빠 섬이 있으면은 섬 앞에 미역밭 놓고, 거기서 좀 떨어지면, 쉽게 얘기하면 애들이 배가 없어도, 어선이 없다고 해도 뛰어만 내리고 애들이 구명조끼를 입었었기 때문에 조금만 헤엄치면 바로 미역[양식장] 거기서 붙잡고 있으면 된다고. 아무리 20년 된 구명조끼라도 한 6시간은 떠 있을 수 있다고 그러면 그사이에 가서, 애들 [한테] 가면 다 건져내면 되는 거거든. 근데 왜 그거를, 애들을 뛰어 내리지 말라고 해가지고, 왜 가만있으라고 해놓고 지네들만 탈출했 는지, 해경은 왜 [퇴선방송] 그걸 안 했는지 궁금한 거야 우리는, 알아 야 되겠고.

면담자   동거차도 들어가셨던 분들마다 현장이 너무 가깝다고 말씀하시더라구요.

호성 아빠   그럼요. 가서 보면 진짜 가까워요. 너무 가깝고, 그 러니까 카메라 렌즈로 봐도 배 위에서 애들이 왔다 갔다 하는 게 보이니까.

면담자   인양 작업하는 바지선 위가 보인다는 말씀이죠?

호성 아빠   네, 대력호, 그니까 달리하오에서 일하는 애들이 보 이니까.

면담자   아버님은 인양 감시하러 굉장히 자주 왔다 갔다 하셨 잖아요? 한 번 가시면 보통 얼마쯤 계셨어요?

호성 아빠   우리 7박 8일 일정이에요. 그래 가지고 7박 8일인데, 근데 섬이니까 아무래도 이제 풍랑주의보 내리고 이러면은 배가 못 뜨면은 하루 이틀 더 있을 수도 있고 그러죠. 겨울철에는 바람도 많 이 불고 그러니까 그런 경우가 많죠. 풍랑주의보 내려가지고 배 못 떠가지고 하루 이틀 더 있다가 나온 분들이 많았어요.

면담자   동거차도 감시를 들어가면 그때 하루 일상이 어떠셨어요?

호성 아빠   일정이요?

면담자   하루를 어떻게 보내셨어요?

호성 아빠   일정은… 우리는 3인 1조인데 일과는 보통 하루 종일 바다 보는 거예요. 배 보고, 우리가 망원렌즈로 했거든요, 녹화하고. 그리고 이제 시간마다 육지에서 그쪽으로 들어가는 배들, 그리고 [작업]하는 상황 일지, 상황 일지를 적는 거죠, '아침에 무슨 배가, 어떻게 생긴 배가 들어와서 몇 시에 사람을 몇 명을 내려주고 갔다. 그리고 몇 시에 크레인이 움직였다' 그런 거. 그런데 낮에는 얘네들이 활동을 안 해요. 다 밤에만 해, 작업을. 그러니까 모르겠어. 바다 안은 낮이나 밤이나 똑같이 어두울 거니까 그런 건 모르겠는데, 이상하게 밤에만 작업을 많이 했어요. 낮에는 거의 활동 안 하고 밤에만 하는데, 이 새끼들이 라이트를 우리 텐트 쪽으로 서치라이트를 쫙 비춰요, 텐트 쪽으로. 텐트 쪽으로 쫙 비추고 작업을 한다고. 그리고 배가 등을 지고 있다고요, 앞이라 해야 되나? 배가 있으면 대력호가 이쪽에[침몰 현장과 동거차도 사이에] 있다고, 우리가 섬에 이쪽에 있고. 그러니까 얘네들이 앞에서 하는 것은 안 보여요. 크레인을 돌려갖고 [섬을 등지고] 이쪽에서 일을 하니까는.

면담자   그러니까 동거차도에 계시는 부모님들한테는 바지선의 뒷모습만 보이는 거죠?

호성 아빠   등만 보이는 거예요. 근데도 거기다가도 또 이쪽 [동거차도 쪽으로]으로 서치라이트를 쏴버린다고.

면담자   세월호는 앞에 있는데 왜 뒤쪽으로 쏘나요?

호성 아빠   그렇게 작업을 했다고. 그리고 걔네들이 와가지고 '이 상하게 오늘은 밤에는 일하는 시간이 많다' 그러면, 그래 가지고 보면은, [다음 날] 아침에 저녁의 영상을 찍어놓은 것을 보거든요. 보고 이상하다고 하면은 이제 인양분과장한테 전화를 해요. "오늘 이상하게 특별한 작업을 한 것 같다, 저녁에. 좀 어떻게 된거냐?" 그러면 "그래요?" 그러면 이제 인양분과가 해수부나 어디에 계시면 "저녁에 이런 이런 작업을 했습니다" [하고] 추후에 보고를 받는 거야, 인양분과도 모르고 [있다가]. 만약에 일지가 있으면 작업 일지가 쟤네도 스케줄이 나올 거 아니야. '무슨 무슨 일을 할 겁니다' 우리 가족하고 같이 공유를 하기로 했다고. [그런데] 공유가 [제대로는] 안 되는 거지.

면담자   작업 상황을 공유하기로 했었는데 그걸 안 보여주는 건가요?

호성 아빠   공유가 안 되는 거 아니야. 그런데 나중에 듣고 인양분과장은 분과장대로 화가 나고. 나중에 전화하면 "무슨 무슨 작업했답니다" 그렇게 오는 거지. 그러니까 항상 우리는 후 보고를 받은 거지. 맨 처음에 할 때는 "가족들과 같이 공유하고 같이하겠습니다" 해놓고 나서 실제에서는 전혀 그게 자료가 공유가 안 되었다고. 막판에 우리가 물어봐야지 그래야지 그때 가서 대답을 해주는 그런 상황이었어요. 그러니까 많이 답답했지. 애당초 처음부터 전혀 우리 가족과 같이하려는 마음이, 의지가 없었다는, [나는] 그렇게 봐요. 그리고 그걸 하면서도 특조위도 많은 제약을 줬으니까, 특조위가 배 올라타는 것부터 해가지고 그걸 많이 제재를 했으니까. 전혀 걔들이…, 우리한테는 그런다 치지만은 특조위한테까지도 그렇게 했으니까 걔들이 어떤 애들인지 알 수가 있지.

면담자   해수부에서 그렇게 접근을 막고 상황 공유도 잘 안 하려고 한 이유는 뭐였나요?

호성 아빠   불편하겠죠.

면담자   그러니까 부모님들께 한 이유나 변명은 있을 거 아니에요, '이러이러한 이유로 알려드릴 수 없습니다'라든지.

호성 아빠   첫째로는 안전 문제겠지 뭐, 걔네들은 안전 문제. 그리고 배에 올라타서 작업을 한다는데, 걔네들이 그런 거지, "니네들이 왜 올라타냐?" 그리고 더 웃긴 건 뭐냐 하면은, 참 이런 말 해서 될지는 모르겠지마는 미수습자[유가족]들은 그 배를 올라탈 수가 있어. 근데 우리는 못 타는 거야, 이유가 뭐냐 하면은 "너네들 애들을 찾지 않았냐".

면담자   이제는 유가족 부모님들은 당사자가 아니라는 거죠.

호성 아빠   "너네는 애들을 찾았다. 이거는 선체 인양도 있지만 미수습자 수습이다. 너네들은 애들을 찾았는데 뭘 너네들이 이걸 하냐" 그러면서 미수습자하고 우리를 갈라치기를 해놓은 거야. 그러니까 미수습자[유가족]는 탄다고. 그 배를 타고 휙 보고 쉭 나가, 우리는 여기 텐트에서 보고 있는데. 어떻게 받아들이겠어, 우리가.

면담자	그렇네요.
호성 아빠	참 나쁜 사람들이야.
면담자	갈라치기 하는 게 전형적인 수법이네요.
호성 아빠	그렇지.
면담자	2016년 6월 정도에 뱃머리 들기 시도를 했습니다.
호성 아빠	1차로 했다가 실패했죠.
면담자	그것도 '사전에 이제 들 겁니다' 이런 연락이 있었나요?

호성 아빠   그거는 연락 들은 것으로 알고 있어요. 그거는 들었고 아마 선수 1차 들기 할 때는 저희들이 아마 올라가서 촬영을 했을 거예요. 4·16TV 측에서 진상[분과]하고 인양[분과가] 올라가 가지고 아마 제 기억으로는 그때 녹화된 것으로 알고 있거든요. 아마 유튜브에 찾아보면 아시겠지만, 하다가 결국에는 앞에 선수 찢어먹고.

면담자	찢어먹은 게 그때죠?
호성 아빠	예. 찢어먹고 실패했죠, 그때 1차 실패하고.
면담자	앵커를 자른 것도 그때였나요?

호성 아빠   아니요, 그건 2차. 그거는 선수 해놓고 나서, 맨 처음에 들고 나서 그다음에 빔[리프팅 빔, 인양 받침대]을 [선체 아래에] 집어넣으면서 나오면서. 이제 거기에 암반이 있어 가지고 그 암반 때문에 맨 처음에 쟁기 작업을 하다가 쟁기 작업이 안 되어가지고 그때 선체도 절단하면서 자르면서 그 작업을 했는데, 이건 그 전이지. 내

기억으로는 그렇게 알고 있어요.

면담자　　뱃머리 드는 작업을 하실 때에는 아버님도 동거차도에 계셨었나요?

호성 아빠　　아니요, 동거차도에 없었어요.

면담자　　2016년에 7월에 선수 들기는 성공했지만 결국에는 연내에 인양 완료하겠다는 약속은 못 지켰죠.

호성 아빠　　약속을 어겼죠. 그래 가지고 맨 처음에 내 기억으로는 11월 며칠에 해수부 장관이 그때 기자회견을 했을 거예요. 그래 가지고 "연내에 그건 아마 힘들거다".

면담자　　11월 11일이었죠.

호성 아빠　　그때 아마 기자회견을 하고 그러면서 자동적으로 상하이샐비지하고 계약기간이 연장이 되면서, 또 연장하면서 말 나온 게, 추가적으로 돈이 들어간다 해가지고 또 그것 때문에 우리가 욕 엄청 얻어먹었잖아요, "돈 잡아먹는다"고 세월호. 그때도 욕 많이 당했지. 근데 이번에도 선조위에서 감사원에 그거에 대한 네 가지에 대해서 요번에 감사 의뢰를 했잖아요.

면담자　　어떤 네 가지죠?

호성 아빠　　계약.

면담자　　상하이샐비지랑 계약 문제?

호성 아빠　　계약 문제, 그다음에 계약 연장에 대해 추가적으로 돈

지급되는 것, 그다음에 [선체] 절단하고, 그다음에 동물 뼈, 동물 뼈 이천몇 점인가 나왔다고, 오천몇 점인가 이천몇 점인가 나왔다고 그 래 가지고. 그 네 가지 중에서 결국은 감사원에서 감사 결과가 나왔 는데 해수부한테 시행한 것은 결국은 관리 소홀, 쓰레기 버린 거 그 것만 시정명령 내리고 나머지는 "아무 문제없다"고 감사원에서 그렇 게 결과가 나왔잖아요.

면담자   최근에 그렇게 나왔었죠.

호성 아빠   그거에 대해서도 우리 반박 자료가 나갈 거예요, 조만 간에.

면담자   준비하고 계시는군요.

호성 아빠   준비하고 있어요. 준비하고 있고 그건 뭐 상세한 이야 기는 더 얘기하기는 뭐하고.

면담자   자료를 보면 알 수 있겠네요. 네 알겠습니다.

7
고(故) 김관홍 잠수사에 대한 기억

면담자   그리고 조금 다른 이야기이긴 한데, 김관홍 잠수사가 2016년에….

호성 아빠   관홍이요?

면담자　　　네, 그때 돌아가셨는데요. 김관홍 잠수사와는 개인적으로 알고 지내는 사이셨죠?

호성 아빠　　네, 관홍이하고는 형, 동생 하는 사이였어요.

면담자　　　김관홍 잠수사도 동거차도에 자주 오셨잖아요.

호성 아빠　　네, 자주 내려왔어요.

면담자　　　같이 계시기도 했었나요?

호성 아빠　　네.

면담자　　　아버님이 기억하는 김관홍 잠수사는 어떤 분이셨어요?

호성 아빠　　(잠시 침묵) 진짜 사나이죠. 생긴 것도 남자답게 생겼잖아요. 진짜 멋진 놈이에요, 멋진 친구고 눈물도 많고…. 참 가슴도 따뜻하고 멋지고…. 좀 아까운 녀석이지. 더 우리가 (한숨 쉬며) 우리 때문에 또 한 집안의 가장인데 또 그런 일을 했다는 게 너무 미안하지, 관홍이 식구들 특히 제수씨나 애들한테. 그때 장례식 할 때도 누나는 아는데 막내는 모르는 거야, 아버지 장례를. 큰애는 아는 것 같더라고. 아는 것 같은데 동생은 어리니까. 그 소식 듣고(한숨). (침묵)

면담자　　　직접 뵌 적은 없지만은 저도 뵀으면 좋았겠다는 생각이 드네요.

호성 아빠　　지금 벽제에 있어요. 서울에 거기 추모관 그 안에 있어요(한숨).

면담자　　　김관홍 잠수사와 같이 동거차도에 계시면은 어떤 얘기들을 나누셨나요?

호성 아빠 　　되게 보면 이렇게 울화가 많았어요. 분노가 많았어요, 이 정부에 대해서. 우리 아이들 그런 상황은 피하고 [다른] 얘기를 했지. 하면서 철수할 때, 그때 [2014년] 7월 달인가 언제 [언딘 바지에 들어갔던 잠수사들이] 철수했잖아요, 잠수사들이. 그때 그 과정 하면서 그때 속상한 것을 많이 이야기했지.

면담자 　　저희 구술 팀에서 잠수사분들 구술도 몇 분 받아서 함께 출간될 예정인데, 정말 고생이 많으셨더라고요.

호성 아빠 　　그럼요. 그분들한테 진짜 우리가 고마워해야 되고…. 그리고 이제 그분들이 육체적으로 정신적으로 굉장히 아프시잖아요. 힘드시잖아요, 경제적으로도 그렇고. 이번에 사참위에서도 지원소위[원회]에서도 그거에 대해서도 저희들이 신경을 써야 될 것 같아요. 다른 분들은 몰라도 그분들은 어떻게 생각하면은 직접적으로 더 트라우마가 우리보다 심할 수 있거든요. 우리 아이들을 직접 보고 데리고 나온 분들이잖아요. 우리 아이들 찾아준 분들인데 더 감사하고, 더 아픔이 클 텐데 그걸 또 우리가 받아들여야…. 감수해서 같이 가야지 우리가 나 몰라라 하면 안 되지. 그래서 우리 가족협의회에서도 지금 그거에 대해서 신경을 많이 쓰고 있어요. 박주민 의원도 그쪽에 대해서 많이 신경을 쓰시고…. 박주민 의원도 또 관홍이하고 절친한 사이거든. 그래서 박주민 의원도 많이 울었지.

면담자 　　알겠습니다. 잘 해결이 되면 좋겠네요.

호성 아빠　　그쵸. 다른 건 몰라도 잠수사들 그분들에 대한 구제, 그거는 꼭 사참위에서 꼭 해야 될 것 같아요.

8
세월호 인양과 의문점들

면담자　　그리고 드디어 2017년 3월에 세월호 인양이 이루어졌습니다.

호성 아빠　　2017년 3월. 3월 20일인가 이십 며칠날.

면담자　　그때는 혹시 인양하겠다고 통보는 받으셨던가요?

호성 아빠　　그럼요.

면담자　　미리 받으셨어요?

호성 아빠　　인양 작업 들어간다고 그래 가지고 그때 우리도 내려갔었고, 그때 우리 진실호를 띄워가지고 해역 나가가지고 근접해서 하는데 1킬로 밖으로 밀어내는 거야, 해경이. 그래서 우리 영상 촬영하고 있으면은 위험하다고 오면은 해경 함정이 와갖고 자꾸 밀어내는 거야, 밖으로 나가라고.

면담자　　조금 다른 이야기긴 한데, 연내 인양은 안 된다고 선언했던 것이 2016년 11월인데 불과 4개월 만에 (구술자 : 그렇죠) 인양이 성공을 해버렸어요.

호성 아빠   네. 대통령 말 한마디에 싹 해버렸죠.

면담자   그런 상황을 보면서 어떤 생각이 드셨나요?

호성 아빠   그걸 보면서 실제로 본격적으로…. 물론 그 전에 사전에 밑에 빔을 까는 작업도 했지만은 (목소리를 높이며) 딱 그런 거야, 아니 어느 날 갑자기 일사천리 진행이 착착착 돼버리는 거야. 아니 이렇게 쉽게 올릴 걸….

면담자   근데 그동안에 해왔던 예비 작업이 있었기 때문에 가능한 거잖아요?

호성 아빠   물론 그럴 수도 있겠죠. 근데 저는 그렇게 안 봐요.

면담자   2016년 11월 달에 이미 기존의 방법으로는 실패를 선언을 했었고, 새로운 방법으로 불과 4개월 만에 인양한 거니까요.

호성 아빠   그러니까 결국은 맨 처음에 상하이샐비지가 해수부한테 입찰을 했을 때의 인양 방법은 결국은 이게 [적절한 인양 방법이] 아니었다고. 최종적으로 한 거하고 얘네들이 맨 처음에 [입찰]넣었을 때 실행 방법하고 틀렸다고[다르다고]. 근데 결국은 뭐냐 하면은, 상하이샐비지가 입찰이 된 그게[이유가] 뭐냐 하면은 기술력으로는 4위인가 3위를 받았어요, 가격으로는 얘네들이 1위였고. (면담자 : 제일 쌌죠) 네. 그래 가지고 얘네가 되었는데, 처음에부터 우리가 얘기한 게 "[입찰 조건을] 공개해라". 일곱 개 업체인가 아마 입찰을 했을 거예요. 그러면 입찰을 하면은 "각자 회사마다 입찰한 조건 그런 것에 대해서 오픈을 하라"[고] 초창기 때 우리가 얘기했지. 근데 해수부에서는 그걸 안 했어요. 이건 관례상 무슨 회사 기밀보호 차원 얘기하면서 결국은 어떻게 했거든.

근데 결국은 1차 인양이 실패되고, 결국은 뭐냐 하면은 애네들의 기술력으로 못 했다는 거고, 애네들이 잘못을 했다는 거거든. 그런데 결국은 뭐냐 하면은 추가 지급이 돈이 되었단 말야. 애네들이 잘못한 건데 왜 추가 지급을 하느냐에 대해서 우리가 문제를 걸었고, 선조위가 문제를 걸었던 이유인데 감사원에서 결국은 "그건 아무 문제없다"[고] 결론이 났는데, 결국은 그 전에 [사전 작업]했다고는 하지만은 그 방법 자체가 [잘못되었던 것이고, 인양 방법을 바꾸니까 너무 쉽게 되어버린 거야, 단 며칠 사이에.

'이렇게 쉽게 건질 것을 왜 그동안에는 못 했지? 결국은 이렇게 오래 끈 것은 증거인멸 하려 그런 거 아닌가', 저 개인적인 생각은 그래요. '그러기 때문에 낮에는 안 하고 밤에만 작업을 했고, 우리 안 보이게 가리고 작업을 하지 않았나' [하는 생각이 드는 거죠]. 근데 애네들 얘기로는 "기름유출이 돼서 기름을 빼내느라 시간이 오래 걸렸다" 뭐 걸렸다 얘기하는데, 그게 너무 답답한 거야. 그거에 대해서 선조위에서 요번에 좀 많이 좀 밝혀줄 줄 알았는데 선조위에서도 결국은 밝혀내지 못했다고. 선조위도 아시다시피 반반이 갈라져 가지고 지네들끼리 싸우다 결론을 못 내고 끝나버렸잖아요.

그러기 때문에 우리가 자꾸 이야기하는 게 "이건 특검으로 가는 수밖에 없다. 수사권, 조사권 [갖고] 구속할 수 있는 사람들이, 뭔가 할 수 있는 권한 있는 사람들이 조사를 해야 뭔가 나오지, 아무 [권한도] 없는 자가 조사해 봤자 시간만 까먹지 할 수가 없다" 그래 가지고 우리가 지금 이야기를 하는 거고…. 특조위에서도 기분 나쁘게 생각할 수 있겠지, 이제 막 시작했는데 특검 얘기해 버리니까. 그렇지만 우리는 그렇지가 않거든. 자기네들도 그거는 한계가 있다는 것을 알기 때문에, 자기네들도….

면담자 인양을 질질 끌고 있는 동안에 증거인멸 등의 의혹이 있기 때문에….

호성 아빠 나는 그렇게 봐요.

면담자 그만큼 아버님들께서 동거차도에서 감시하셨던 그 기록도 나중에 의혹을 규명하는 데 중요한 자료가 될 수 있겠네요.

호성 아빠 네. 하여튼 너무 쉽게 되었고, 그리고 거기에 암반이 있어 가지고 작업이 지연이 되었다는데, 그 전에 지질조사는 기본적으로 하는 거거든. 제 생각에 기억으로는 아마 정부에서 1차적으로 지질조사를 했을 거예요. 지질조사를 한 거고 얘네들도 분명히 하면서 그거에 대한 지질조사를 지네 나름대로 할 거고. 그런데 거기서 몰랐다는 암반이 나왔다? 그것 때문에 지연되었다? 그것 때문에 [선체를] 다 잘랐잖아, "빔 집어넣는데 걸린다" 그래서 다 잘라버렸다고. 자르는 건 좋아. 근데 구멍은 왜 냈냐고, 쓸데없는 구멍. 배 보면 알겠지만 배 보면 아주 그냥… 배가 아니야, 배가. 그리고 들어가서 보면은 더하고. 이거는 배라고 할 수가 없어, 할 수가 없어. 배가 아니야, 배가……. (면담자에게 영상을 보여주며) 이거 잘 들려요?

면담자 이게 언제 찍으신 거예요?

호성 아빠　　　그때 내려갔을 때 찍은 걸 거예요.

면담자　　　인양할 때 2017년 3월에?

호성 아빠　　　그 전에.

면담자　　　그럼 1차 선수 들기 할 때요?

호성 아빠　　　응. 이게 크레인이 이쪽을 보고 있잖아, 그 반대 뒤쪽이 우리 있는 동거차도예요.

면담자　　　동거차도를 등지고 작업하는 거네요. (영상 종료됨) 그러면 인양 시작되는 2017년 3월 22일부터 아버님은 계속 동거차도에 계셨나요?

호성 아빠　　　네. 계속 있다가 저는 [세월호 선체가] 목포로 출발하는 거 보고 그리고 나왔죠, 동거차도에서.

면담자　　　그때 저희 구술 팀도 동거차도에 내려가서 동수 아버님, 호성 아버님 뵀었는데, 사실 그때 정말 정신없이 계속 돌발적인 상황들이 발생했잖아요?

호성 아빠　　　그때 진실호가 목포까지 쫓아갔잖아요. 그때 안 타셨어요? 그때 진실호 안 타셨어요?

면담자　　　저희는 진실호는 타진 않았고요.

호성 아빠　　　그때 어머님들하고 아버님들하고 그때 아마 목포 MBC인가 아마 타고 그때 목포까지 같이 쫓아갔을 거예요, 내 기억으로는. 저는 출발하는 거 보고 그리고 거기서 하루인가 이틀인가 더 있다가 나왔죠.

면담자　　아버님께서 계시던 동거차도 감시초소에서는 세월호가 올라오는 모습이 잘 보이던가요?

호성 아빠　　그때는 바다에 있었어요. 반잠수함으로 이렇게 끌고 올라올 때 그때는 진실호 타고 있었어요.

면담자　　세월호가 처음 수면 위로 올라온 걸 보셨을 때 느낌이 어떠시던가요? 사실 그때는 생중계가 되고 있어서 전 국민이 같이 보고 있긴 했죠.

호성 아빠　　그때 MBC하고 현장 인터뷰도 했었는데…, 예상은 했었죠. 그러니까 1기 특조위하고 조사하러 가가지고 같이 들어가서 해역에서 영상 찍은 거 같이 보고 했었거든요.

면담자　　수중 촬영한 영상을 같이 보셨죠?

호성 아빠　　응, 같이 보고. 그때 이제는 유실 방지하는 거 그거 조사하러 내려갔었는데, 그때 예상은 했었어요, 예상은. 그때도 따개가 많이 붙어 있고 했었으니까 배가 많이 손상이 됐겠다 했는데…, 딱 올라오는데 첫째는 그 파공을 한 걸 보고, 구멍 뚫어놓은 것을 보고 놀랐어, 배 구멍 뚫어놓은 거 보고. '몇 개는 있겠지. 어차피 기름을 빼내고 뭐 하고 작업하려다 보면 잠수부들 안전도 있고 하니까는 절단을 어느 정도는 했겠지' 했는데 생각 외로 구멍이 너무 많이 뚫려버린 거야. 배가 완전히 배라고 할 수 없을 정도로 하고 올라오니까, 그거 때문에 놀랐고, 한편으로는 '야, 저 배 갖고 조사 가능할까?', 그 생각이 딱 들어오더라고, '조사가 가능할까?' 한편으로는 '이렇게 쉽게 올릴 거 몇 년씩 걸렸나' 그런 생각도 들고. 하여튼 복잡했어요. 그때 배 보면서 애 생각도 많이 났고⋯ 여러 가지 생각이 들더라고. 결론은 욕만 나오는 거야. (한숨 쉬며) 너무 '진짜 이 새끼들 해도 해도 너무한다' 그런 생각 들더라고. 배를 보니까 이거는 딱 그 생각이 들더라니까, '야, 이거 배에서 뭔가를 찾기는 쉽지 않겠다' 생각이 들더라고.

면담자 선체에 구멍도 워낙 많고 훼손이 생각보다 심한 상태였으니까요.

호성 아빠 다 잘라냈으니까. 그리고 맨 처음에 배를 인양해 가지고 반잠수함에 올려가지고 이동을 하긴 해야 돼요. 이동을 하긴 하는데 맨 처음에는 동거차도 쪽으로 붙여갖고 하기로 했다고. 근데 여기서 반잠수정에 해가지고 더 깊은 곳으로 3킬로미터를 이동을 했어.

면담자 더 먼 바다 쪽으로요?

호성 아빠 근데 뒤에 그 문이 잘려 있는 상태에서 그러고 갔다고.

면담자 그때 인양하는 데 걸린다고 (구술자 : 응) 좌현 선미 램프를 절단했었죠.

호성 아빠 그것도 말도 안 되는 소리고, "뻘에 숨겨져 있어 가지고 못 봤다"는 것도 말이 안 되는 소리고. 아무튼 그 이동을 했단 말이야. 근데 왜 가까운 해역을 놔두고 더 깊은 데로 갔을까? 여기서도 그때 우리가 그 배를 쫓아가면서 그때 어군 탐지기로 봤는데 여기가 [수심이] 70미터가 넘더라고. 여기는 42미터 정도 나오는데 더 깊은 곳으로 갔단 말야.

면담자   왜 그랬을까요?

호성 아빠   모르지 그거야.

면담자   반잠수식 선박이 워낙 크니까 좀 더 먼 바다로 간 건 아닐까요?

호성 아빠   아니, 여기서도 충분히 가능하지. 그러면 여기서 [인양] 작업을 못 하지.

면담자   그렇네요. 그럼 수심 문제는 아닌 것 같네요.

호성 아빠   맨 처음에 이쪽으로 들어와서 [이동]하기로 했다니까. 그러면 멀리 가면 멀리 갈수록 이게 더 파도에, 너울에 영향을 받으니까 가까운 쪽으로 와야 되는 거 아니야? 근데 더 깊이 갔다고, 그 배를 끌고 갔다고. 그래서 얼마나 여기[서 유실 우려가 심]했겠어.

면담자   정말 왜 그랬을까요? 생각할수록 정말 의혹들이 많네요.

호성 아빠   그럼, 많지. 지네들이 분명히 그거에 대한 유실 방지망을 설치한다고 하지만 이쪽으로는[인양 현장은] 돼. 근데 [반잠수식 선박이 이동한 깊은] 바다 쪽은 지네들이 어떻게 할 거냐고, 유실 방지망을 어떻게 설치해. 못 하잖아. 결국 H빔만 깔아놓고 했다는데 그 배를 끌고 가면 이게 다 떨어지지 뭐가 남겠어. 결국은 그래 가지고 [반잠수식 선박이] 빠진 다음에 사고 해역에 펜스 해서 그 안에 다시 검사 조사했잖아. 거기서 고창석 선생님 유골 나왔잖아. 그럼 결국은 가면서도 다 흘러 나갔을 수도 있단 말이야. 근데 그렇다고 여기서 3킬로[미터]를 어떻게 조사를 해, 할 수도 없는 거야.

면담자   그렇죠. 수심이 훨씬 더 깊어지는 곳이기도 하고요. 그리고 세월호의 무게도 잘못 계산했다고 했잖아요?

호성 아빠   그렇지 잘못 계산했지.

면담자   모듈 트랜스포터로 옮기는 과정에서도 문제가 있었죠?

호성 아빠   그러니까 기술력이 그렇게밖에 안 되는 애들한테 그게 나갔다는 자체가, 단지 돈이 싸 가지고 했다는 게 그거는 말이 안 되는 거고. 애당초 처음에 해수부에서 어느 적정선을 얘기했었다고. 1200억인가 1000억인가 얘기했었다고. 그러니까 애네들 [입찰 참여 업체들]은 그 선에서 맞춰갖고 입찰을 했단 말야. 근데 이 새끼들 [상하이샐비지 놈들]은 900인가 950인가 엄청나게 차이가 나게 집어넣었다고. 결국은 기술력보다 가격 갖고 [결정]했다는 얘기인데, 거기다가 추가 경비가 들어갔으니까 애네는 더 들어갔다는 얘기야, 시간도 더 오래 걸리고. 그러니까 뭔가가 이거는 있다는 거지. 그래 가지고 입찰할 때부터 이거는 다시 조사를 해야 된다고 봐, 나 개인적으로는. 어떤 기준으로 그거를 했고 어떤 항목이, 조사 항목이 어떤 게 있는지 거기에 대해서…. 순위로는 1위, 2위, 3위 이렇게 나왔다고 하지만 그걸 우리가 직접 볼 수가 없잖아, 다른 데는 몇 점을 받았고. 몇 점을 받은지 모른다고. 그거는 다 들여다봐야 된다고 봐.

호성 아빠 신창식

면담자　감사원이 1차 조사를 해서 결론을 내리긴 했지만 그건 어쨌든 내부 조사니까 (호성 아빠 : 그렇지) 특검과 같이 수사권, 기소권을 가진 독립된 기관을 통해서 다시 조사를 해야 한다는 말씀이네요.

호성 아빠　아무래도 감사원은 제출받은 서류를 가지고 감사를 했을 거 아니야. 직접 자기네들이 쫓아다니면서 수사를 하며 해가지고 얻지는 않았을 거란 말이야. 그러니까 본 자료만, 제출된 자료만 갖고 감사를 했으니까 자세한 거는 나올 수가 없는 거지. 더 깊이 있게 못 들어갈 거잖아, 그냥 수박 겉핥기식으로 그냥 하는 거지. 그렇기 때문에 이게 [수사가] 더 필요한 이유고.

9
인양 후 선체 수색 과정

면담자　이제 세월호가 목포 신항에 거치되고 나서 미수습자를 수색하는 시기에 대해 얘기를 하려 하는데요. 아까 전에 아버님께서도 제일 충격받은 것 중 하나로 말씀하신 게 배에 구멍이 많이 나 있는 거였는데, 미수습자를 수색하는 과정에서도 계속 구멍을 뚫어야 되는 사태가 발생을 했어요.

호성 아빠　그렇죠, 뚫었죠. 그때 제가 목포 신항에서 기록단으로 있었거든요. 기록단으로 있으면서 봤는데 잘라내는 거 다 봤으니까. 상판부터 시작해 가지고, 은화하고 다윤이하고 [있을 것으로] 추정하는 5층 화장실 그쪽으로 해가지고 결국은 5층, 4층 두 층을 다 뜯어 내 버렸잖아요.

면담자   혹시 아버님께서 생각하신 다른 방법이 있었을까요? 왜냐하면 나중에 선체 직립을 했잖아요. 어쩌면 수색에 앞서서 직립 부터 먼저 하는 방법도 있었을 것 같긴 한데요.

호성 아빠   그 방법에 대해서도 논란이 많이 되었었죠. 배를 세우 는 건 육지에서 세우는 것보다는 바다에서 세우는 게 훨씬 낫다고, 정 덜 박고. 상식적으로 생각해 보세요, 7000톤에 가까운 배가 육상 에서 세우려는 것보다 물에서는 부력이 있기 때문에 쉽게 세울 수가 있다고. 근데 개네들이 얘기하는 건 뭐냐면, "거기 [바다에]서 [직립] 했을 때 유실이 되었을 때, 바다에 떨어진 것은 그거는 어떻게 할 거 냐", 그 얘기를 해가지고 이게 기술적으로 더 어렵다고 했는데, [그래 서] 결국은 육지로 거치해 가지고 세우기로 했는데, 결국 목포 신항 은 바닥부터 시작해서 공사를 싹 했잖아. 거의 다 전문가들이 바다 에서 직립을 해야지 육상에서 이거를 직립을 하는 것은 말이 안 된 다고 많이들 얘기를 했다고. 결국은 [해수부가 육상에서 직립하는 거로] 밀어붙였잖아.

면담자   해수부에서요?

호성 아빠   네, 밀어붙였고. 그러니까 처음서부터 인양 방식부터 해가지고 우리하고 얘기했던 거하고 우리가 제시했던 문제점도 다 얘기를 했었다고. [그런데] 우리가 우려했던 점이 다 현실로 나와버 린 거야. 유실 방지망부터 해가지고 그 문제점 얘기했고 검사 들어가서 결국 걔네들이 엉터리로 했다는 거 나와졌고, 그래서 보완했고, 직립하는 것도 육상에서 하는 것보다 바다에서 하는 것이 더 낫다라 하는데도 결국 [육상에서] 그렇게 됐고. 〈비공개〉

면담자   지금 선체 뒤틀림도 심해졌다고 하더라고요.

호성 아빠   저 배를, 저거 해놨다가 저거 만약에 또 안전사고 나면 어떡하려 그래? 그렇다고 거기다가 뭐 기둥 다 세워놓고 하면 뭣하러 그거를 해놔? 그럼 보존의 의미가 없는 거지.

면담자   훼손이 정말 심하군요. 직립한 후에 좌현 쪽이 드러났잖아요? 좌현 쪽을 보니까 심하게 녹슬어 있더라구요.

호성 아빠   그때 어머님들이 우리랑 직립하는 걸 봤잖아요. 그때 되게 걱정 많이 했어요, 동수 아빠도 그렇고 '저거 엄마들 보면은 엄마들 쓰러질 텐데' [하고요].

면담자   배 상태가 워낙 안 좋으니까요.

호성 아빠   네. 그래 가지고 우리는 이제 있을 때 육상 거치되었을 때 우린 들어가서 봤거든, 배에 들어가서 배의 상태를. 근데 이제 세워놓고 그걸 보면은 '엄마들 진짜 보기 힘들 텐데' 그런 생각이 들 정도였으니까, 우리가. 훼손이 배도 아니야 저거는, 지금 손상된 건. 조타실 완전히 없어졌고 기관실 조금 있는데, 기관실이라고 해도…. (한숨 쉬며) 시간은 시간대로 걸리고 선체는 선체대로 보존을 할 수 있을지 저것도 의심스럽고(한숨). (침묵)

면담자   아버님께서는 목포 신항에서 계속 기록단으로 활동을 하셨죠?

호성 아빠   네.

면담자   기록단의 정식 명칭을 '시민기록단'이라고 하면 되죠?

호성 아빠   그렇지, 시민기록단. 그때 박종필 감독하고 그쪽 다 지원받아서 같이했으니까.

면담자   그때 저도 아버님들 기록단 활동 도와드리러 잠깐 내려 가고 했었는데, 미수습자 수색 과정에 대해서 여쭤보려고 합니다. 먼 저 수색할 구역을 정하는데 그때 부모님들도 같이 정하시는 건가요?

호성 아빠   그때는 이제 인양분과장이 들어가서 그때는 했고, 현 대삼호[중공업]하고 해수부하고 해가지고 그때는 회의 들어가서 가 지고 [수색] 구역 나오고…. 그때는 이제 [그래도] 뭐가 [좀] 됐어요. 일 정까지, 작업 내용까지 아침에 브리핑을 해줬고, "오늘은 어디 구역 작업한다, 어디 구역 작업한다" 그러면서 그거까지, 작업 도면까지 주고 해가지고 했지. 그리고 맨 처음에 우리가 증언을, 마지막 최종 증언을 그걸 [근거로] 삼아가지고 수색 작업을 설정을 했는데, 사실 은 양승진 선생님 같은 경우는 아시다시피 튕겨져 나가는 걸 본 사 람이 있었고 그러기 때문에…, 은화하고 다윤이, 현철이, 영인이 같 은 경우는 그러고…. 그리고 일반인 같은 경우는 지하 화물칸에 차 에 혹시나 있지 않을까 기대를 많이 했었지.

　　근데 이제 결국에는 그렇게 되었지만은, 그래 가지고 로비에서 봤다는 게 [증언에] 있어 가지고 로비 쪽에 앞쪽 B-5 구역, 우리가 부르긴 그렇게 불렀는데, 그쪽에는 맨 처음에 그쪽부터 [수색]했고, 앞쪽 선수 다인실 그쪽하고 했는데, 8반 있던 데 그쪽하고 했는데…. 기대를 많이 했지, 사실은. 그쪽에서 특히 저 같은 경우에는 현철하고 영인이가 우리 반이니까 기대를 많이 했는데… 안 나와서… 참. 그래 놓고 뭐 하면서 거기서 이제 우리는 될 수 있으면 배를 조사를 해야 되니까, 지금도 훼손이 많이 된 상태인데 여기서 계속 훼손이 되면 안 된다는 생각을 가졌고, 또 미수습자 분들은 그분들의 애절함이 있고 그러니까 결국 얘기하면 그분들의 목소리를 우리가 어떻게 막을 수는 없는 거잖아. 그런 것들을 하다 보면 배는 잘려져 나가는데 우리 가슴도 미어지지, 우리도 답답하지. 그래도 일단은 미수습자가 우선이니까…, 그래도 다행으로 찾아가지고… 그나마 다행이지.

면담자　　　은화와 다윤이 그리고 이영숙 씨를 찾았죠. 수색 구역이 결정되면 그다음 단계는 뭔가요? 뻘을 빼는 작업부터 하나요?

호성 아빠　　　그렇죠. 맨 처음에 일단은 작업 공간을 확보를 해야되잖아요. 그러니까 지금 배가 눕혀져 있잖아요. 눕혀져 있으니까, 이쪽은[바깥쪽은] 괜찮은데 들어갈수록 거꾸로 되어 있으니까, 매달려 있으니까 일단은 발판 작업을 해놓고 그 뻘을 퍼내는데, 거기서 참여했던 분들 고생 참 많았지. 한참 더울 때 아니에요. 더울 때인데 그 안에 가스도, 냄새도 그렇고 더위도 그러는데, 다 일일이 손으로 바가지로 퍼가지고 나오면은 밖에서 또 세척장에서 또 어머니들이 일일이 뻘 손으로 만져가면서 찾고.

면담자   혹시 뻘 속에 유골이 섞여 있을 수 있으니까요.

호성 아빠   그래 가지고 다 찾고, 그래 가지고 나오면은 또 해수부하고 해가지고 선조위에서 다 가서 뭐 나왔다 하면 쫓아와서 [확인]하고 하면서, 이제 진짜로 뼈다귀가 닭 뼈하고 돼지 뼈가 그렇게 많이 나왔어. 뼈가 지겹게 나왔어. 그러니까 나중에는 하도 보니까 이건 내가 봐도 알겠더라고, 돼지 뼈인지 닭 뼈인지. 그거를 가르쳐 주더라고, 걔네들이. 그때 어디야 걔네들이. (면담자 : 유해발굴감식단?) 네, 유해발굴단 애들이 [가르쳐주기를] 사람 뼈는 이렇게 동그랗고(웃음).

면담자   별거에 다 부모님들이 전문가가 되시고 있어요.

호성 아빠   그러니까 말이에요. 별걸 다 참…. (면담자에게 휴대폰 사진을 보여주며) 이런 거 같으면 다 떨어져 나오고….

면담자   이건 무슨 뼈인가요?

호성 아빠   닭 뼈.

면담자   (호성 아빠의 휴대폰 사진을 보면서) 학생증이랑 명찰이 드디어 나오기 시작했네요.

호성 아빠   응, 우리 반 거. 그때 이거 나오고 나서 기대를 많이 했거든.

면담자   호성이 것도 나왔나요?

호성 아빠   아무것도 안 나왔어요.

호성 아빠 신창식

면담자   인양되기 전에라도 호성이가 들고 갔던 가방이나 이런 것은 나왔었나요?

호성 아빠   네, 나왔는데 가방만 나왔어.

면담자   안에 옷이나 그런 것도 같이 나온 거죠?

호성 아빠   가방만 나오고…. 다행히 지갑은 가방 앞에 자크[지퍼주머니]가 있어 가지고 그 안에서 나왔는데 옷 같은 것은 자크[지퍼]가 열려져 있었나 봐. 그래 가지고 안에 옷 같은 것은 다 쓸려져 나갔고 가방하고 지갑만, 안경하고 지갑만 [나왔어요].

10
선체조사위원회 활동에 대한 불만

면담자   그리고 미수습자 수색이 진행되는 과정과 동시에 선조위가 구성돼서 각종 조사를 좀 더 하게 되었는데요. 결국 선조위가 침몰 원인에 대해서 결론을 못 내렸어요. 이런 상황에 대해서 아버님 어떻게 보셨는지요?

호성 아빠   이게 그런 것 같아요, 이 전문가라는 분들이 내 개인적으로 봤을 때는 고집들이 되게 있더라고. 자기 분야이기 때문에 자기가 전문성을 갖고 있기 때문에 그런 것도 있겠지만 되게 좀 고집이 세. 그리고 가장 첫 번째로 뭐냐면은 특조위도 그렇고 선조위도 그렇고 꼭 반반으로 나눠진다는 거. 그러니까 하나의 결론을 도

출할 수가 없는 거야, 이거는. 조직 자체가 맨 처음부터 기형적인, 그런 이상하게 만들어놔 가지고 한 의견이 나올 수가 없는 거야. 얘 의견이면 그 의견에 토를 달고 반대를 하는 거야, 이쪽이 하면 또 이쪽으로 반대를 하고.

면담자   선조위 구성이 어떻게 기형적이라는 말씀인가요?

호성 아빠   그게 결국은 뽑을 때부터 여당, 야당 추천이 있으니까 당연히 자기 쪽에 유리한 사람을 갖고오고 이 사람들은 그 사람들의 그걸 반론을 또 얘기를 할 테니까 전혀 같이 갈 수가 없는 거지. 그러니까 선조위부터도 보면은 조대현인가? 조대진인가? [조대현 변호사] 그것도 우리가 저거[거부] 했지, 그다음에 부위원장 이현이도 그랬지, 시작부터 제대로 시작을 못 했잖아요[당시 선체조사위 위원장은 더불어민주당 추천위원인 김창준 변호사, 부위원장은 자유한국당 추천위원인 김영모 명예교수였음]. 그러다가 어영부영하지, 그리고 하면서도 [조사]1과 2과, 자기 조사과에 따라서, 누가 하느냐에 따라서 조사한 내용이 판이하게 틀리고[다르고], 그거에 대해서도 상대편의 조사에 대해서 까기 바쁘고 그러니 뭐, 이쪽하고 이쪽하고 완전히 갈라져 가지고 결국엔 마지막에 내인설, 외인설 [같은] 말 같지도 않은 소리를 하고 끝나버렸죠. 그러니까 거기 가서 회의하는 거 지켜보면 아주 그냥 열불 나요, 열불 나. 좀 심각하게 이야기하면 이것들이 장난치는 것도 아니고, 응? 다 [앉은] 자세가 뒤로 탁 재껴갖고….

면담자   아버님께서 조사 결과들을 어쨌든 보셨을 때는 어느 쪽이 그래도 좀 더 신빙성 있어 보이시던가요? 아버님 나름의 결론이 있으신지요?

호성 아빠   솔직히 모르겠어, 솔직히 모르겠고…. 물론 이제 우리
가 봐서 보는 거랑 전문가들이 보고 ROT[rate of turn, 선박의 초당 회
전율]가 어쩌구 어쩌구 얘기들을 하는데 나는 '그 자체, 저 자료가 과
연 신빙성이 있을까? 저 자료가 진짜 맞는 자료일까? 조작된 자료가
아닐까?' 거기서부터 나는 의구심을 가져버리니까 그거를 믿을 수가
없는 거야. 충분히 그거는 조작될 가능이 있고 그거에 대해서 분명
히 해수부도 그거는 지네들이 한 게 있다고, 잘못한 게 있다고…. 근
데 그거에 대한 조사가 없이 그냥 그 자료 갖고 하는 거잖아. 근데
그 자료 갖고 하니까 얘네들이 싸움이 붙은 거고, 그게 자료가 몇 개
씩 돌아다니니까 누가 어떤 거 갖고 했는지에 따라 틀릴[다를] 수도
있는 거니까. 그러니까 기본적인 거기서부터 조사가 안 되는 상태에
서 이거를 해버리니까 불씨를 항상 갖고 가는 거지. 그러니까 이거
는 결국은 나한테 유리한 자료 갖고만 들이밀고 있고 "이거는 아니
다, 아니다" 그렇게 해석해 버리고 나니까 이거는…. 그래서 나는
'누구 말이 맞다, 충돌설이 맞다, 이게 맞다'고 나는 섣불리 얘기하기
힘들어. 밝혀지지 않은 상태에서 과연 저 사람들이 하는 얘기가 과
연 맞는 얘기인지 의구심이 드는 거지.

면담자   부모님들 입장에서는 지금 근거로 삼고 있는 자료 자
체부터가 신빙성이 떨어지는, 확실하게 믿을 수 있는 거냐에 대한
확신이 없으시니까요.

호성 아빠   그렇죠.

면담자   그러면 그런 면에서는 어떻게 보면 내인설이니 열린 안이니 이런 것은 지금 얘기하는 게 너무 시기상조일 수 있겠네요.

호성 아빠   그러니까 가장 중요한 건 뭐냐 하면은 '지금 우리가 배가 왜 넘어졌냐'가 중요하지 않아요. '왜 애들을 못 구했냐'가 중요한 거라고. 왜 백 번 넘게 이 정부가 뭘 했느냐, 그 조치, 사고 접수가 되고 나서부터의 그 접수하고 이후 행동, 그게 중요한 거거든. 아니 배가 만약에 화물 과적으로 넘어갔다 이거야. [그래도] 우리 애들만 다 구했으면 상관없는 거예요, 이거는. [아이들] 250명에 [총] 304분이라는 분이 돌아가셨단 말이야. 근데 이 정부에서는 아무것도 한 게 없단 말이야. 그리고 분명히 진도 VTS[해상교통관제센터] 걔네들도 지네들이 잘못했다고, 농땡이 쳤다는 것도 나오고 했는데, 분명 거기서 조작이 있을 수도 있고 하는데 그거에 대한 건 없이 '니가 맞다, 내가 맞다. 뭐가 잘못되어 넘어졌다' 이건 웃긴 얘기라고.

지금 이건 벗어나도 한참 벗어난 얘기야. 우리가 봤을 땐 애네들이 한심한 거야, 핵심 얘기가 아닌데. 핵심은 '왜 배가 넘어졌고 왜 구출을 안 했는지'가 핵심이거든. 우리가 과적해 가지고 과적만 그 법안[특별법] 만들려고 우리가 지금 움직인 거 아니잖아. 우리가 5년 넘게 싸운 이유가 해양구조법 그걸 뜯어고치려고 하는 게 아니잖아. 근데 걔네들은 그거 갖고 싸우고 있다고, 지 고집이 맞다고. 그러니까 우리가 봤을 때는 별 개지랄 떠는 거지.

면담자   선조위는 선박에 대한 것만 조사하기로 한 것이기 때문에 구조와 관련된 의혹에 대해서는 권한이 모자라기도 했죠.

호성 아빠   그리고 선조위도 조사를 하려면 뭔가를 해야 하는데 걔네들은 [자료를] 볼 수 있는 권한이 없잖아. 선조위도 뭘 보려면 해경이 막아버리고, 막아버리고 자료 제출 안 하면 끝이라고. 그런데 무슨 조사를 하겠어?

면담자   선조위에서 또 했어야 하는 것 중에 하나가 선체 보존에 대한 방침을 정했어야 되는데 결국에는 못 정했죠.

호성 아빠   네, 결정 못 하고 결국에는 특조위로 넘겼죠. 근데 보존하면서 그게 이제 후보 지역이 몇 군데 나왔었잖아요? 대부도, 진도, 제주도, 안산, 목포 이렇게 나왔는데 일단은 조사가 안 끝났으니까 그거를 결정을 못 내릴 수밖에 없었지 않나 그런 생각이 들어요. 근데 단지 미흡한 게 뭐냐 하면은, 조사를 하되 또 그동안의 더 이상 훼손이 안 되게끔 보완 장치는 해야 되거든. 근데 그거를 어찌 용역을 준다 그 이야기를 들은 것 같은데 그 뒤의 이야기는 어떻게 되는지 알지를 못하는데, 그런 게 미비했던 것 같아. 만약에 그랬으면서 이거를 해서 어떻게 [보존]한다는 걸 최소한의 예산 정도까지는 어떻게 뭔가를 해봤어야 되는데 전혀 그런 게 안 되었다는 거.

결국에는 어디로 [거치]할 거냐 그거 갖고만 싸우다가 끝나버린 거잖아, 결국에는. 그래도 안산이 어쩌고 어쩌고 나왔는데, 근데 그것도 결국은 지금은 또 나름대로 그 지역에서는 서로들, 목포는 "목포에다가 거치해야 된다"고 그리고 진도는 "진도에서 거치해야 된다"고 하고, 너무 좀 부위원장이 너무 좀 안이하게 한 게 있고. 너무 그러니까 마음에 안 들어. 마음에 안 들고, 하는 거 보면 속 뒤집어지고…. 첫째는 지네들끼리 싸우는 게 싫었고.

면담자   결국에는 선조위에서 결론을 못 내리는 바람에 수색 작업은 끝났지만 몇 개월째 세월호가 사실상 방치되고 있는 상태잖아요?

호성 아빠   그렇죠. 그거에 대해서 빨리 씻겨가지고 더 이상 부패가 안 되게끔 녹슬지 않게끔 우선 뭐 뭔가 겉에 코팅지라도 바른다든가 뭔가 그런 작업이 있어야 되는데, 그런 작업이 지금 진행 안 되고 있다는 게…. 그리고 분명히 그 정도까지는 선조위에서 어디가 보존에 대한 장소는 못 정해도 그거만큼은 좀 미리 준비를 했어야 됐는데 안 되었다는 게…. 결국은 특조위도 [기간이] 원 플러스 원 2년이라는 식인데 조사를 할 때까지 한 다음에 해야 되는데 결국은 2년 뒤에나 된다는 얘기거든. 그러면 결정이 나면 2년 후면은, 저 상태에서 바다에 있다가 육지로 올라오면 부식이 급속도로 빨라지는 것은 다 아는 사실들이잖아. 그러면 그거에 대한 준비를 하고 뭘 해야지. 아니 이거 뭐 저렇게 해가지고 다 쓰러지게 해놓고 '야 저거 보존할 필요 있겠어?' 또 그런 생각을 갖고 있는 게 아닌가, 얘네들이. 의심병이 들어서 그런 건지는 몰라도 저렇게 다 방치해 놓고 다 부서지면 '저렇게 낡고 한 것을 돈을 몇백 억씩 들여갖고 보존하나 마냐' 그렇게 또 여론 몰이 하려는 거 아닌가?

면담자   그런 얘기가 나오게끔 일부러 방조하는 걸 수도 있다는 말씀이시네요.

호성 아빠   그런 생각이 든다니까, 내가 의심병인지는 모르지만은.

호성 아빠 신창식

면담자　　　저는 그렇게는 생각 안 해봤는데 말씀 듣고 보니까 정황상 그렇게 생각하실 수도 있을 것 같아요. 그러면 진상 규명이 된 후에는 보존 방침을 정해야겠지만, 그것도 사참위에서 2년 안에 진상 규명이 확실히 되어야 가능한데 그 보장도 없는 상황이네요.

호성 아빠　　　그러니까 특조위에서 일단 선조위에서 못 한 조사를 이제 이어서 가서 할지, 아니면 또 다른 시각으로 접근해서 조사할지 모르겠지마는 어차피 특조위 활동기간에는 선체에 대한 거는 다시 한 번 조사를 할 거란 말이에요. 조사하는 동안에는 아마 배를 어떻게, 객실 쪽이야 모르지만은 어차피 조타실하고 기관실은 손을 안 댈 거란 말이에요, 조사를 해야 되기 때문에. 그러면 결국은 그것도 뭐 못 한단 얘기지. 그러면 그때 가서 결정 나면 또 그때 가서 뭐 업체 선정해서 할 건지 아니면 최소한의 조사를 하면서 최소한의 보완 작업을 해서 나갈지 그거는 내가 아직 들은 얘기가 없어서 모르겠는데, 그렇게라도 움직여야 되지 않나? 그래야지 [보존]하지, 2년 후 특조위 끝날 때까지 기다려서 그때 결정하고 한다고 하면 그건 늦어도 한참 늦을 것 같고. 도리어 그런 거 한다 하면은 또 우린 그런 걱정까지 드는 거야, 우리 가족이. 가족이 그런 것까지 걱정해서는 안 되거든. 근데 우리 가족들은 그런 것까지 걱정이 되는 거야, 어차피 그게 또 돈이 들어가는 문제이기 때문에.

면담자　　　혹시 아버님께서는 개인적으로 세월호 선체를 어떻게 보존하셨으면 좋을지 생각해 보셨나요?

호성 아빠　　　근데 선체가 중요하죠. 중요한데, 나는 온전한 선체 보존은… 모르겠어요. 우리나라 기술력이 어떻게 될지 모르겠지마는 쉽지 않을 거라고 생각이 들어요. 그러면은 굳이 저 안에다가 손을 대야 된단 말야, 선체를. 손을 대면 과연 겉에는 녹슬고 안에는 새 거로 바꿔놓는, 저게 또 무슨 의미가 있는 것일지…. 그래 가지고 뭐라고 얘기하기가 힘든데, 나는 진상 규명만 된다면은 선체 보존은 별로 의미 없다고 봐. 진상 규명이 되면은 저거[를] 꼭 [보존]해 놔야지 사람들이 의식이 바뀌고…, 나는 그런다고 생각하지 않거든. 물론 저거 나름대로 그런 의미가 있고 교육효과도 있고 있겠지마는 또 저런 건 또 보기 힘들어하는 분들도 계시거든. 그러기 때문에 뭐 양쪽의 의견이 있을 수도 있겠지마는 나는 진짜 우리 가족들이 원하는, 우리 국민들이 원하는 진상 규명만 된다면 나는 선체 보존은 그거는 내 개인적으로는 그렇게 크게 우리가 할 필요가 없다고 봐요.

11
생명안전공원과 민사소송

면담자　　　문재인 대통령이 당선되고 나서 얼마 안 돼서 부모님들을 청와대로 초청한 일이 있었습니다. 그때 아버님도 같이 가셨나요?

호성 아빠　　아, 전 안 갔습니다.

면담자　　　그때 다른 일이 있으셨는지요? 그때 꽤 많은 분들이 가셨던 걸로 기억하는데요.

호성 아빠　　어… 내키지가 않더라고(잠시 침묵). 그때 [참사 직후에]

이제 박근혜가 우리 [가족대책위] 집행부 불렀던 거 있잖아요? 그게 생각이 나더라고. 그 생각도 났고…, 그리고 몰라요, 이상하게 내키지가 않더라고. 가고 싶은 마음이 없더라고. '과연 저 사람이, 대통령이 뭘 우리에게 답을 줄 수가 있을까?' 우릴 불러가지고 위로하는 것보다는 진짜 우리 일을 빨리 해결할 수 있게끔 해주는 게 그게 우리에게 더 큰 선물이잖아. 우리 청와대 들어가서 구경하고 나오면 뭐 할 거야, 우리가 듣고 싶은 답을 듣고 나와야지. 근데 듣고 싶은 답은 못 듣고 나왔잖아.

면담자　　　그때 생명안전공원 건립 약속을 대통령이 했던가요?

호성 아빠　　　확실하게 그때 대답도 안 했고, 거기서 우리가 듣고 나온 거는 아무것도 없어요. 그래 가지고 [나는] 안 갔지, 안 들어갔고…. 결국 들어갔다 나와갖고, 우리 가족들 시계 하나 받아온 거 그거밖에 없죠.

면담자　　　그 이후에 진행된 상황들을 보면 생명안전공원은 여전히 답보 상태이구요.

호성 아빠　　　그렇죠. [2019년] 2월 27일인가 28일인가 국무조정실에서 의결은 했는데, 그건 했다고 해서 다 끝난 건 아니기 때문에 아직도 그다음 단계 몇 단계가 남았기 때문에 본격적으로 삽을, 공사를 시작을 해야지 우리가 [뭔가 되어가고 있다는] 생각이 드는 거니까. 일단은 그래도 그나마 거기다가 봉안시설 포함해 놨으니까 그나마 다행인데 좀 서둘러야죠. 말이 [20]22년 완공인데 시간이 3년이 넘었잖아요. 그 시간을 좀 더 단축해 가지고 진상 규명 하고 달리 이거라도 좀 빨리 진척돼 가지고 우리 아이들 빨리 한군데 모아놔 줘야죠. 그리고 그거라도 해줘야 우리가 애들한테 그렇지…, 진상 규명도 하나도 안 되어 있지 애들 모아놓지도 못하고 벌써 시간은 5년이라는 시간이 흘렀지, 너무 우리 부모님들한테 못할 짓을 많이 하는 것 같아 가지고, 애들한테도 그렇고…. 조급하지, 답답도 하고.

면담자   지금 사참위 조사관들 뽑는 절차는 마무리되었나요?

호성 아빠   아니지, 몇 명이 남은 걸로 알고 있어요. 근데 뽑았는데 개인적인 사유로 또 나가신 분들이 있나 봐요. 그래서 100프로 충원은 안 됐는데 뭐 조사하는 데는 크게 아직까지 지장이 있거나 그러지는 않는다고 하더라고요.

면담자   그건 다행이네요. 그리고 최근에 부모님들께서 하신 민사소송 1심 공판 결과가 나왔죠?

호성 아빠   작년 가을인가?

면담자   네, 그때쯤이었던 것 같아요. 그 결과는 어떻게 보셨어요?

호성 아빠   근데 분명히 짚고 넘어가야 되는 게, 우리가 민사재판을 소송을 건 이유가 뭐냐 하면은 우리가 물론 여기에서 특조위도 있지만은 우리는 이쪽에서도 진상 규명을 조금이나마 하려고, 재판을 하니까 증인을 부르고 뭐 하고 하는 거지. 특조위는 특조위대로 움직이지만은 아무래도 여기는 민사재판이지만, 뭔가 힘은 없지만은 그래도 뭔가 할 수 있다는 그런 것 때문에, 진상 규명에라도 조금이라도 보탬이 되고자 소송을 한 거예요.

면담자　　　피고인 국가 대한민국에 세월호 참사에 대한 책임이 있다는 것을 명시해 놓기 위해서라는 점도 있지 않겠어요?

호성 아빠　　　그렇죠, 그거를 위해서 했고, 1심에서 했고, 2심에서 우리가 항소를 했는데 그거야 어떻게 결과 나올지 모르겠고…. 그런데 일단 그 재판도…, 우리가 [재판에서 승소하고 나서] 돈을 받았잖아요? 받은 거에서, 사람들은 그러니 끝난 거 아니냐 얘기하는데, 그렇지 않더라고 하더라고요, 변호사들이 얘기하는 거 보면. 그거는 재판부에서 일부러 주려고 하는 거지, 이자가 붙으니까, 법정이자가 붙으니까.

면담자　　　법정이자가 붙으니까 미리 주려고 한다고요?

호성 아빠　　　그거는 받으라고 하더라고요.

면담자　　　어떤 말씀이시죠?

호성 아빠　　　우리가 그걸 안 받고 있으면은 그 액수에 대한 이자가 계속 꼬박꼬박 붙잖아요. 그렇기 때문에 그걸 받아야 된다고 그렇게 나는 알고 있거든요. 그러면 만약에 받았는데 말이야, 2심에서 만약에 판결이 뒤집히면 어떻게 되는지 우리끼리 그런 얘기도 했고 그랬는데, 내가 알기로는 그렇게 알고 있어요. 그래 가지고 그거는 아마 받아야 되는 거라 해가지고 받은 거고, 그렇기 때문에 '받았기 때문에 우리는 재판을 끝낸다' 그건 절대 아니에요, 절대 아니에요. (면담자 : 소송하신 목표가) 그게 절대 아니고, '받아야 되는 상황이라 우리

가 받은 거지 우리가 돈이 필요로 해서 받은 것은 아니다' 그건 확실
하게 해두고 넘어가야 될 것 같고….

면담자　　　그런데 민사소송 재판의 선고문에서는 대한민국의 구
조 책임에 대한 얘기는 사실 빠져 있었던 걸로 기억하거든요. 그래
서 아마 부모님들께서 이기긴 이겼는데 마냥 좋아하시진 못했던 것
같아요.

호성 아빠　　　그렇죠. 결국은 이 싸움이 지금 정부와 청해진하고 둘
이 싸움이 되어버린 거예요. 결국 민사재판이라는 게 결과는 누가
더 책임을 지느냐에 따라서 자기네들의 분담 액수가 바뀌니까 그러
니까 그런 거예요. 하지만은 전혀 정부가 잘못했다고 한 것은 아무
것도 없는 거야, 법적으로. 대통령이 그러면 인사하고 사과하고 그
럴 뿐이지, 재판이고 헌재고 감사원이고 어디고에서 결국은 이거는
그냥 사고로 볼 뿐이지 이건 참사로 확정 안 한다는 거예요. 그러기
때문에 이거는 결국은 하나도 밝혀질 게 없다는 얘기지. 한 발도 나
간 게 없고, 정권이 바뀌었어도…. 하물며 뭔가가 있어야 되는데 누
구 하나 잘못했다고, 이거는 해양 사고가 아니라고, 이거는 진짜 확
실하게 얘기한 게 없잖아요, 이 정부에서도요.

　　얘기 나오는 거 보면 결국은 선조위도 마찬가지고 핵심은 이 [국
가의 구조 실패에 대한 책임을 판결하는] 건데, 배가 오래됐다, 선령이
오래됐다, 고박을 잘못해서 배가 기울었다고 이런 소리를 하고 있
고. 지금 계속 보면은 팩트는 이건데 자꾸 이상한 쪽으로 끌고 가고
있다고, 그러니까 많이 답답하고. 그에 비해서 또 누구 하나 정확하

게 짚고 얘기하는 사람도 없고 하니까 결국은 우리 가족들 싸움밖에 될 수가 없는 거고. 시간이 지날수록 시간은 우리 편이 아니잖아. 시간이 지날수록 기억은 잊혀지게 되어 있고 희미해지는데, 그러기 때문에 많이 답답하고 조바심을 낼 수밖에 없고…. 조바심이 있어도 쉽게 움직이지도 못하는 상황이니까 지금 마음고생들이 많지. 벙어리 냉가슴 하듯이 귀머거리 3년, 뭐 3년 한다고 하고 있는데, 건들면 툭 터질 것같이(웃음). 〈비공개〉

면담자　　　이제 마지막 질문드리기 전에 하나만 더 확인하겠습니다. 아버님은 가족협의회 2기 집행부에서도 감사로 활동하셨고 이제 3기 때도 감사로 활동하시게 됐는데, 어떤 역할을 하시나요?

호성 아빠　　　직책은 직무감사인데, 실질적으로 그렇다고 우리 가족을 말 그대로 업무감사를 한 적은 없어요. 단지, 어떻게 얘기해야 하나, 제도상 있어야 되기 때문에 하는 건데, 올해 3기부터는 좀 움직이려고 그래요. 우리도 이제 5년이라는 기간 동안 가족협의회가 만들어진 지가 5년 가까이 됐는데, 그래도 뭔가가 조금 체계는 잡아놔야 되지 않을까…, 3기 출범도 했고 [하니까]. 앞으로 우리가 계속 가려면은 정확하게 체계를 잡아놔야 하지 않나 그래 가지고 올해부터는 정기적으로 감사도 좀 업무감사도 하고 하려고 계획 중이고 논의 중에 있어요. 근데 감사라고 해가지고 뭐 [연말에 일시적으로] 그렇게 할 게 아니라, 일상적인 그런 보통 감사가 있는 게, 그걸 또 해야지 가족들도 별거 아니지만 한 번 더 생각하게 되고 그거에 맞게끔 움직여지고 하니까, 그래서 너무 요란스럽지 않고 그렇게 하지 않게 올해부터는 감사를 할까 생각 중에 있습니다.

면담자　　　감사라는 게 조직 내부에서 서로서로 더 잘 신뢰하기 위한 (호성 아빠 : 그렇죠) 필수적인 과정이니까요. 물론 그동안은 워낙에 투쟁 과정이나 활동이 바빠서 가지고 챙기기 힘드셨겠지만요.

호성 아빠　　　물론 그것도 있지만은 최소한의 뭔가를 하긴 해야 되는, 규칙은 내부 규정도 있고 있으니까 그거는…. 그러면서 '우리가 이제 오래 가야 되는데 [그렇게] 하려면은 체계를 확실하게 잡아놔야 되지 않나' [싶고], 좋은 게 좋은 거다 그런 식이 아닌 뭔가 체계는 확실하게 잡으려고 [생각하고 있어요].

면담자　　　알겠습니다.

12
진상 규명이 되어야 하는 이유

면담자　　　이제 마지막 질문입니다. 아버님께서 현재 가장 큰 과제로 생각하는 것은 아무래도 진상 규명이실 텐데요. (호성 아빠 : 그렇죠) 진상 규명이 되기 위해서 가장 필수적이고 핵심적인 것이 무엇이라고 생각하시나요?

호성 아빠　　　지금 우리가 피케팅하는 내용이 그거예요. 결국 "모든 걸 4월 16일로 돌아가서 보자" 이거예요. "사고 접수가 되고 나서부터의 목포나 인천이나 거기서 움직이는 거, 진도 VTS에서 움직인 거, 그게 청와대로 보고가 되었고 그 상태부터 조사를 하자" 이거지. 과연 정부가 매뉴얼대로 확실하게 움직였고 지켜왔는지, 그리고 그 과정에서 해경이 왜 퇴선 명령을 선장한테 떠넘기는 건지, 그건 내가 알기로는 그건 해경이 그 권한을 갖는 걸로 알고 있거든요, 접수가 될 때는. 신고 접수가 되기 전에는 선장 몫이지만은 신고가 접수된 이후에는 그거는 해경의 지시를 받기로 되어 있는데, 절대 그렇지가 않았거든.

그러니까 4월 16일부터 나는 처음부터 다시 조사해야 된다고 봐요. 거기에 박근혜 대통령 7시간, 청와대 7시간이 가장 중요한 거고, 그리고 이제 그걸 조사하려면은 지금 우리가 특조위를 만들어봤지만은, 활동을 해봤지만은 한계가 있고, 그러기 위해서는 검찰에서, 힘이 있는 검찰에서 수사권, 기소권이 있는 검찰에서 수사력이 있는 검찰에서 이거는 특검을 하든 뭘 하든지 아니면 검찰에서 다시 재검을 하든지 해야지 이게 확실하게 되는 거지, '지금 뭐 사참위나 이런 것은 수박 겉핥기다. 흉내만 내는 거다'라는 거지요. 그러니까 진짜로 이 진상 규명을 하는 이유를 이 정부나 공무원들은 좀 알았으면 좋겠어.

이 진상이 규명되지 않고서는, 땜질식으로 가다가는 반복적으로 주기적으로 사고가 난단 말야. 사람이 죽었으면 왜 죽었는지 왜 했는지 그걸 따져야지, 20년 전의 사고도 40년 전의 사고도 결국 내용은 결론은 뭐냐 하면 과적이래. 인원을 많이 태워서 사고가 났대. 20년 전에 사람을 많이 태워서 사고가 났어, 그러면 20년 후의 사고는 그런 똑같은 사고가 안 나야 되잖아. 근데 똑같은 사고가 났어요. 그나마 지금 우리 세월호 하고 나서부터는 이제 그나마 선박 탈 때 신분증 검사하고 그나마 지금 그거라도 하고 있다고. 근데 그게 원인이 아니잖아, [문제가] 고쳐진 게 아니잖아. 원인이 왜 터졌고, 왜 많이 태워야 됐고 그걸 누가 허락을 해줬고 감시하는 기관은 그걸 감시를 못 했는지 그 원인부터 찾아 뜯어고쳐야 되는데 그게 없다고.

만약 우리가 진상 규명을 안 하면은 또 [원인이] 과적으로 나올 거라고. '고박이 불량했다', 또는 '배가 구조변경을 해서 문제가 있었다'고 그러면 또 그것만 뜯어고칠 거 아니야. 고박하고 구조변경 못 하는 그것만 고치면? 만약 또 사고 나면 또 똑같을 거 아니야. 그렇기 때문에 앞으로의 사고를 방지하기 위해서는 첫째로 진상 규명이 필요한 거예요. 진상을 알아야지 보완책을 만들지. 다리 썩었는데 팔 만지고 있으면 뭐 할 거야, 다리가 썩고 있는데.

그러기 위해서는 진상 규명을 최우선으로 해야 되고, 그다음에는 그거에 대한 각자의 위치에서 자기 업무를 못 했던 사람들은 분명히 처벌을 해야죠. 일벌백계를 해야지 그래야 본보기가 되어 나머지 사람들도 바뀔 수가 있는 거니까. '진상 규명과 책임자 처벌'이 가장 우선이라고 생각해요. 그렇게 되면 안전한 사회는 자연스럽게 쫓아온다고 생각해요. 그렇기 때문에 '첫째도 둘째도 진상 규명이 우선이다' 그렇게 생각합니다.

면담자   진상 규명이 반드시 되어야 하는 핵심적인 이유를 잘 말씀해 주셔서 감사합니다. 이 정도로 마무리하려고 하는데 혹시 추가적으로 말씀하실 내용이 있을까요?

호성 아빠   아니요, 없습니다.

면담자   네, 아버님의 소중한 말씀 잘 들었습니다. 긴 시간 내
주셔서 감사합니다.

호성 아빠   수고했습니다.

4·16구술증언록 단원고 2학년 6반 제2권

그날을 말하다 호성 아빠 신창식

ⓒ 4·16기억저장소, 2020

기획 편집 4·16기억저장소 ┆ **지원 협조** (사)4·16세월호참사가족협의회
펴낸이 김종수 ┆ **펴낸곳** 한울엠플러스(주)
초판 1쇄 인쇄 2020년 4월 1일 ┆ **초판 1쇄 발행** 2020년 4월 16일
주소 10881 경기도 파주시 광인사길 153 한울시소빌딩 3층
전화 031-955-0655 ┆ **팩스** 031-955-0656 ┆ **홈페이지** www.hanulmplus.kr
등록번호 제406-2015-000143호

Printed in Korea.
ISBN 978-89-460-6756-1 04300
          978-89-460-6801-8(세트)
* 책값은 겉표지에 표시되어 있습니다.